창업자라면 꼭 알아야 할
세무 가이드

창업자라면 꼭 알아야 할
세무 가이드

초보 창업자가
검색창에 많이 묻는 질문

정영록(공인회계사) 지음

ᵁᴶ 중앙경제평론사

추천의 글

창업을 앞두고 세금 준비에 철저해야 한다는 이야기를 들었어요. 하지만 막상 창업에 대해서만 생각했지 세금 관련해서는 고민해본 적이 없어 막막했는데 이 책을 읽어보니 세금 지식에 자신감이 생겼어요! 이 책의 가장 큰 장점은 복잡한 전문 용어를 사용하지 않고도 창업 초보자도 쉽게 이해할 수 있다는 점이에요. 더 깊이 알고 싶은 내용은 각 챕터에 연결된 QR 코드로 바로 확인할 수 있다는 점도 큰 장점이라 생각합니다.

— 뷰티 브랜드 매니저 **이솔**

그동안 제가 궁금했던 세금 관련 내용들이 이해하기 쉽고 간단명료하게 정리되어 있어 많은 도움을 받았습니다. 인터넷을 찾아봐도 세금 관련 내용을 이해하기 어려워 아쉬웠는데 이 책에는 저와 같은 초보 사업자들이 궁금해할 법한 내용들이 담겨 있습니다. 세금이 어렵게만 느껴지는 초보 사업자라면 이 책을 지침서 삼아 본다면 많은 도움이 될 것입니다.

— 주식회사 바디바 대표 **이혜원**

열정을 강의하는 회계사.

정영록 회계사를 처음 만난 때는 한국공인회계사회에서 개업을 준비 중인 회계사를 대상으로 한 개업 지원 교육 프로그램을 기획하면서입니다. 강의를 요청하기 위해 처음 만난 순간이 기억납니다. 그동안 본인이 무작정 개업을 준비하면서 겪었던 시행착오부터 거래처를 확보해가는 과정, 사무실에서의 직원 관리 요령까지 짧은 강의 시간 동안 전달해주고 싶은 이야기가 너무나 많은 듯 보였기에 그때 저는 정 회계사가 가지고 있는 열정을 느낄 수 있었습니다. '아, 이분은 열정을 강의하려고 하는구나.'

본인이 누구보다도 치열하게 창업을 준비하였고 성공적으로 사무소를 운영하고 있는 정 회계사야말로 창업자의 전문 파트너로서 자격이 있는 것이 아닐까, 그제야 이분에게 강의를 의뢰하길 참 잘했다고 생각했고 그 생각은 지금도 변함이 없습니다.

창업을 준비하는 사람들에게 추천할 책을 오랫동안 찾았지만 찾지 못해 결국 본인이 직접 책을 썼다는 내용을 읽고는 다시금 예전의 정 회계사의 모습이 떠올라 슬그머니 웃음 짓게 되네요. 이 책이 더더욱 큰 열정 바이러스로 퍼지기를 기원합니다.

   – 한국공인회계사회 조세지원본부장 **조상기**

이 책은 아직은 경험이 적은 초보 창업자의 두려운 마음을 잘 이해한 사람이 쓴 것 같아요. 세금 관련 책들은 전문 용어들로 가득 차 있어 읽으려 해도 너무 어려워 중간에 포기하곤 했는데 이 책은 끝까지 읽어나갈 수 있도록 쉽게 쓰여 있어 독자들은 한 단계 성장한 느낌과 뿌듯함을 느낄 수 있을 것이라 예상해요.

– 더스코어 학원 원장 **홍태풍**

이 책은 초보 창업자들이 세무 문제를 해결할 수 있도록 쉽고 간결하게 구성되어 있다. 빼곡한 글의 나열이나 전문 용어는 최대한 배제했으며, 초보 창업자들이 가장 궁금해하는 질문을 엄선해서 수록했다. 또한 예비 창업자들이 꼭 알아둬야 하는 유의사항과 지원금 꿀팁 정보도 다양하게 담겨 있다.

이 책은 쉽게 읽히며 가벼운 마음으로 끝까지 읽을 수 있는 책으로 초보 창업자들에게 매우 유용하다. 그러기에 이 책은 실용적이며, 세무 문제를 해결하고자 하는 초보 창업자들에게 이보다 더 좋은 지침서는 없을 것이다.

– 노무법인 우광 대표 노무사 **권준희**

만나는 모든 창업자분들에게 선물로 드리고 싶은 책!

이 책은 창업자들이 비즈니스 운영을 해나갈 때 배우게 되는 세무 지식을 미리 다 알려준다. 힘들고 어렵게 배워가는 회사 운영 문제들을 책을 통해 쉽게 대비하고 안정적인 비즈니스 성장을 가능하게 한다.

– 기업 광고 전문 컨설턴트 **봉성필**

대창업의 시대, 항해를 떠날 초보 창업자를 위한 세금의 나침반.

이 책은 창업을 준비하는 사람을 위한 모든 질문과 답을 치밀하게 구성한 책으로 창업 준비 과정에서 고비마다 부딪히는 궁금증을 쉽게 해소함과 동시에 수필을 읽는 듯한 편안함을 전해준다.

– 효성감정평가법인 감정평가사 **이호천**

예비 창업자들이 쉽게 이해할 수 있는 창업 안내서입니다. 비즈니스 성장을 위한 꿀팁과 유의점, 그리고 초보자들이 궁금해하는 여러 질문에 대한 대답을 담고 있습니다.

– 블랙잭 대표 **고귀한**

많은 창업자들이 세무와 관련한 지식을 얻고자 하지만 정보의 바다라 불리는 인터넷에서조차도 실제 업무에 적용되는 지식을 얻기에는 한계가 있습니다. '누군가가 옆에서 말하듯 쉽게, 실사례를 들어가며 알려줄 수 없을까?' 하는 작은 소망이 이 책을 읽으며 이루어졌습니다.

많은 업체들을 컨설팅하면서 느껴왔던 성공으로 가는 첫 발자국이 담겨있는 책입니다. 초기 창업자는 물론 기존 업체들에도 많은 도움이 되리라 의심치 않습니다. 이 책을 읽는 많은 분들이 '세무'라는 어려운 개념을 쉽게 풀어가며 성장해 나갈 수 있는 무기를 얻어가시기를 바랍니다.

– ERP 컨설팅 전문기업 예스넷 대표 **박승주**

머리말

안녕하세요. 공인회계사, 세무사 정영록입니다. 16년간 세무 회계 업무에 종사하며 다양한 창업 사례를 접했습니다. 기장대리 클라이언트뿐 아니라 네이버 지식인, 엑스퍼트, 크몽 등 온라인 플랫폼을 통해서도 많은 질문을 받았습니다. 제가 받았던 여러 질문은 앞으로 창업할 예비 창업자나 창업한 지 오래 지나지 않은 초기 창업자들도 궁금해할 수 있는 내용이라 생각합니다.

질문에 답할 때 좋은 자료가 있는 경우 함께 전달해 도움이 될 수 있도록 했고, 전달할 만한 자료가 없거나 여러 번 반복해서 받은 질문은 가급적 홈페이지와 블로그에 글을 작성했습니다.

세무회계는 전문 분야이니 잘 모르실 테고 그러다 보니 질문하는 게 당연하다고 생각했지만 의외로 많은 대표님께서 본인의 세무회계 관련 지식이 부족한 것을 부끄러워하며 "모르는 것이 있을 때마다 회계사님, 세무사님께 일일이 물어보기 미안하니 제 수준에 맞는 세무회계 책을 한 권 추천해주시면 열심히 공부해보겠습니다"라고 하셨습니다.

오랫동안 도움이 될 만한 책을 열심히 찾아보았습니다만 제 마음에 쏙 드는 책은 찾지 못했습니다. 그리하여 많은 대표님과 사장님, 예비 창업자분들께 도움이 되길 바라는 마음으로 직접 책을 쓰게 되었습니다.

어려운 법조문이나 법률 용어는 입문서 특성상 독자들이 좀 더 쉽게 이해할 수 있는 용어로 변경해서 사용했으며 소득세법과 법인세법상 의미는 거의 같으나 용어에 차이가 있는 경우 동일한 용어를 사용한 점도 참고해주세요.

이 책은 다음과 같은 분들에게 도움이 될 것으로 생각합니다.

- 비 창업자, 창업 초보자인데 세금에 대한 대략적인 구조를 알고 싶다.
- 담당 회계사나 세무사가 열심히 설명은 해주는데 무슨 말인지 잘 모르겠다. 몇 번이나 들었지만 자꾸 잊어버린다. 마음 한구석으로 미안함이 느껴진다. 큰 그림으로라도 이해할 수 있는 수준의 교양 지식은 갖고 싶다.

- 어려운 법률 용어나 세금 계산 수식의 나열보다 내가 알아 들을 수 있는 수준의 눈높이 설명을 듣고 싶다.

위와 같은 기대를 갖고 계신 분들은 세무회계 기초 지식도 얻으실 수 있고, 책을 한 권 뗐다는 기쁨도 얻으실 수 있을 겁니다.

하지만 다음과 같은 분들은 이 책을 읽어도 만족하지 못할 가능성이 높습니다.

- 세무회계 관련 지식과 경험이 어느 정도 있는 상태이며 이 책을 통해 좀 더 높은 수준의 세무회계 제반 지식을 얻길 기대한다.
- 부가가치세 신고와 종합소득세, 법인세 결산 및 신고를 직접 진행할 방법이 상세하게 설명되어 있기를 바란다.
- 다소 낯설고 어려워도 정확한 법률 용어를 준수하며 예외사항과 특이사항이 상세하게 기록되어 있길 바란다.

이런 기대를 갖고 계신 분들은 기대치를 충족시켜드리지 못해 귀중한 책값과 책값보다도 더 값진 시간을 낭비할 수 있습니다.

여러 책을 보며 감사의 말이 왜 그리 긴지 항상 궁금했습니다. 그런데 저도 책을 내보니 감사의 말이 방언 터지듯 절로 나옵니다. 출산의 과정만큼이나 출간 과정도 쉽지 않았습니다.

지점토 수준에 불과했던 아이디어를 세무가이드와 이 책으로 훌륭하게 빚어주신 최고운 매니저님 및 ALE & 한경세무회계 임직원 여러분, 수없이 많은 질문을 해주신 클라이언트들에게 감사드립니다. 또한 미약한 가능성을 보고 출간을 진행해주신 중앙경제평론사 김용주 사장님과 임직원분들께도 감사드립니다.

마지막으로 일이 많다는 평계로 함께 보내는 시간이 많지는 않지만 새로운 도전을 하고 있는 배우자와 두 아들, 그리고 부모님께도 사랑하고 감사하다는 말을 전합니다.

정영록

차례

2부
드디어 사업을 시작해요

3부
자리를 잡아가는 중이에요

4부
혹시 모르니 알아둬요

부록

1부

창업을 준비하고 있어요

어떤 일이든 첫 단추를 잘 끼워야 하는 법.

창업을 앞두고 가장 궁금해하는 내용을 정리해봤어요.

하나씩 함께 확인해볼까요?

01

창업, 어디서 할까요

집에서도 창업할 수 있나요

👤 창업을 준비 중입니다. 처음이라 가볍게 시작하고 싶은데 지금 살고 있는 집 주소로도 사업자 등록이 가능한가요?

👤 네, 일부 예외 상황이 있지만 집 주소를 써서 사업자 등록을 할 수 있어요.

사업을 처음 준비하는 분들은 따로 사무실을 얻지 않더라도 집에서 사업을 시작할 수 있을지 궁금해하는 경우가 많아요. 아무래도 사업장을 구하려면 신경 쓸 일도 많고 보증금뿐만 아니라 매월 돌아오는 월세 부담도 만만치 않으니까요.

결론부터 말씀드리자면 집에서 사업 시작하기, 가능합니다. 그러나 몇 가지 주의할 점이 있어요.

① 우리 집 공과금도 사업 경비로 반영이 가능한가요

현재 거주 중인 집 주소를 사업장 주소지로 등록했다면 월세, 관리비 및 공과금 등 생활비와 구분이 어려운 비용은 사업 경비로 인정받기 어려워요. 대출 이자 역시 마찬가지예요.

▲ 공과금도 사업 경비일까?

만약 사업을 목적으로 대출을 받았다면 해당 대출 이자를 사업 경비로 반영해 세금을 줄이는 데 활용할 수 있어요. 그러나 주택담보대출이나 전세자금대출은 사업과 직접적인 관련이 없다고 보기 때문에 해당 이자를 경비로 반영하기 어려워요.

② 업종에 따라 집 주소로 사업자 등록을 하지 못할 수도 있어요

전자상거래업이나 소프트웨어 개발업과 같이 장소에 크게 구애받지 않는 업종은 집 주소로 사업자 등록이 가능합니다. 그러나 도매업이나 창고업, 음식점업, 건설업 등 자택에서 할 수 없는 사업이라고 판단되면 집 주소로 사업자 등록을 신청하더라도 거부될 수 있어요.

식품제조업이나 여행업, 관광업, 미용업처럼 인허가 과정에서 특정 용도의 건축물만 사업장으로 등록할 수 있도록 지정된 업종일 경우에도 마찬가지예요. 간혹 세무서 조사관이 지도의 로드뷰로 확인하거나 현장 조사를 나온 뒤 사업자 등록이 거부되는 경우도 있어요.

③ 전자상거래업은 주소 노출이 된다는 사실을 알아두세요

온라인 쇼핑몰을 운영하는 등 전자상거래업을 시작할 예정이라면 홈페이지에 사업자의 기본적인 정보가 공개된다는 점을 주의하세요. 만약 거주 중인 집 주소로 사업자 등록을 했다면 불특정 다수에게 자택 주소가 고스란히 공개되는 셈이니까요. 드물긴 하지만 구매자가 택배비를 아끼겠다며 직접 사업자의 집을 방문하거나 반품해 달라며 찾아올 때도 있어요.

판매자 정보			
상호명	○○○ 마켓 (사업자/간이사업자)	대표자	김땡땡
사업자 등록번호	○○○-○○-○○○○○	통신판매업번호	2022-서울양천-1234
사업자 소재지	서울특별시 양천구 ○○로12길 34 ○○아파트 101동 1002호 (메일: asdf@asdf.com) 고객센터: 010-1234-5678		

▲ 온라인 쇼핑몰에 노출되는 판매자 정보 예

사 업 자 등 록 증
(간이과세자)
등록번호 : ○○○-○○-○○○○○

상   호 : ○○○ 마켓
성   명 : 김 땡 땡   생 년 월 일 : 1992년 1월 1일
개 업 연 월 일 : 2023년 1월 1일
사업장 소재지 : 서울특별시 양천구 ○○로12길 34 101동 1002호(○○아파트)
사업의 종류 : 업태 도매 및 소매업   종목 전자상거래 소매 중개업

▲ 집 주소로 신청한 사업자등록증 예

Q **사업자 등록 신청은 무료인가요?**

A 개인사업자는 일반과세자, 간이과세자, 면세사업자 상관없이

사업자 등록 신청과 상호 변경, 종목 변경, 기타사항 정정, 사업장 이전, 사업자 폐업이 모두 무제한 무료예요.

그러나 법인사업자는 조금 달라요. 법인이 사업자 등록 또는 변경을 신청하기 위해서는 우선 등기사항을 변경해야 해요. 법인은 등기사항을 변경할 때마다 나라에 내야 할 공과금뿐만 아니라 법무사, 변호사 비용이 적지 않게 발생한다는 점을 참고하세요.

Q **함께 살고 있는 언니가 집 주소로 먼저 쇼핑몰을 운영하고 있었어요. 저도 조만간 디자인 사업을 시작하려고 하는데 같은 집 주소로 사업자 등록을 각자 신청할 수 있나요?**

A 사업장 주소지가 같더라도 사업자 대표가 다르고 실제로도 운영 또한 따로 한다면 가족 구성원이 각자의 명의로 사업자 등록을 할 수 있어요.

그러나 해당 주소지에서 A 대표가 다른 업종을 추가할 경우에는 기존의 사업자등록증에 업종을 추가해야 해요. 동일한 장소에 같은 사람 명의로 사업자 등록을 중복해 신청할 수 없기 때문이죠. 같은 주소에 같은 사람이 사업자 등록을 중복해서 신청한다 하더라도 등록이 반려될 뿐 벌금 등의 불이익은 없으니 걱정하지 않아도 돼요.

대표자가 같더라도 주소지가 다르다면 사업자 등록을 추가로 할 수 있으며 이때 상호 및 업종은 기존의 사업장과 동일해도 무관해요.

비용 간편 계산서

설립등기

고객명		연락처	
담당자		일 자	

상 담 내 역	설립자본금 : 1,000,000원

보수액		공과금	
수수료	310,000원	등록면허세	112,500원
부가가치세	31,000원	지방교육세	22,500원
		증지대	25,000원
		법인인감도장	25,000원
		제증명	10,000원
소계 : 341,000원		소계 : 195,000원	
합계 : 536,000원			

사업자등록번호 :
사 무 소 :
주 소 :
전 화 :
계좌번호 :

▲ 법인 설립 비용 예

예를 들어 집에서 소매업(전자상거래업)을 영위하다가 다른 주소지를 써서 소매업(전자상거래업) 사업자 등록을 신청했다면 별개의 사업자 등록번호가 기재된 사업자등록증이 발급되어 두 사업을 독립적으로 운영할 수 있어요.

여러 개의 스마트스토어를 운영하고자 하는 사람들은 이 방법을 활용해 등록 상품 개수 제한 규정을 피하거나 다른 콘셉트로 스마트 스토어를 운영하기도 해요.

Q 오피스텔에서 사업을 할 예정이라면?

A 사업장 용도로 오피스텔을 임대할 예정이라면 사업자 등록 신청 및 월세 세금계산서 발급이 가능한지 꼭 확인하세요. 간혹 오피스텔 용도에 따라 세금계산서 발급 및 사업자 등록 신청이 불가능한 경우가 생기는데 이때 부동산 중개인에게 미리 말해두면 세금계산서 발급이 가능한 매물만 보여줄 거예요.

오피스텔을 사업장으로 등록했다면 매월 지출하는 월세, 가스요금, 전기요금, 수도요금, 통신요금 등을 경비로 반영할 수 있으며 지출한 금액의 약 10%도 돌려받을 수 있어요. 사업자등록증을 각 요금과 관련된 고객센터에 한 번만 전송해두면 부가가치세와 종합소득세, 법인세 등 여러 세금을 줄일 수 있으니 잊지 말고 꼭 세금계산서를 요청하세요.

TIP ▶ 세금계산서 요청할 곳

월세 세금계산서 : 임대인(오피스텔 소유자)

전기요금 : 오피스텔 관리실 또는 한전 고객센터

가스요금 : 오피스텔 관리실 또는 지역 가스공사 고객센터

수도요금 : 오피스텔 관리실 또는 지역 수도공사 고객센터

※ 오피스텔을 임대해 직원 숙소로 사용할 때도 경비로 인정돼요.

▲ 오피스텔 경비
인정 사례

TIP ▶ 유용한 스캔과 팩스 앱

아직까지도 공공기관이나 고객센터에서는 팩스를 사용하는 곳이 많아요. 그렇다고 팩스를 사자니 둘 곳도 없고 전화 회선까지 개통해야 해서 여러 부담이 발생해요. 이럴 때는 스캐너나 팩스 앱, 스마트폰의 자체 스캔 기능을 활용해보세요. 사업자등록증, 임대차 계약서, 대표자 신분증 등을 스마트폰 사진첩이나 갤러리에 폴더를 하나 만들어 저장해두면 필요할 때 바로 팩스를 보낼 수 있어요.

법인이라면 주주명부, 법인등기부등본, 법인인감증명서 등을 추가로 스캔해두면 매번 자료를 찾는 고통에서 벗어날 수 있고 황금 같은 시간도 아낄 수 있어요.

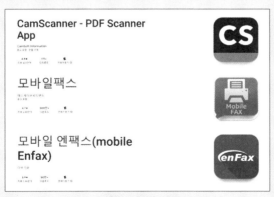

▲ 유용한 스캔과 팩스 앱

사업자등록증
(일반과세자)
등록번호 : ○○○-○○-○○○○○

상   호 : ○○○ 엔터

성   명 : 박 땡 땡   생 년 월 일 : 1990년 1월 1일

개 업 연 월 일 : 2023년 1월 12일

사업장 소재지 : 서울특별시 영등포구 ○○로1길 23 A동 101호(○○오피스텔)

사업의 종류 : [업태] 서비스업   [종목] 인터넷방송매니저업

▲ 오피스텔 주소로 신청한 사업자등록증 예

사무실을 따로 구할 때
알아야 할 사항이 있나요

👤 아무래도 저는 사무실을 따로 구해야 할 것 같아요. 요즘에는 공유 오피스를 사용하는 사람들도 많던데 이런 경우 따로 알아둬야 할 점이 있을까요? 부동산 계약을 할 때 주의해야 할 점도 알려주세요.

👤 공유 오피스는 계약 기간이나 업종에 따라 사업자 등록 신청이 어려울 수도 있으니 미리 확인해보세요.

① 사업자 등록이 가능한 곳인지 확인하세요

계약하려는 주소지에 이미 이전 임차인 명의로 사업자 등록이 되어 있거나 분양받은 임대인만 사업용으로 사용할 수 있는 곳인 경우도 있어요. 겉보기에는 아무런 문제가 없는 상가이지만 건축물 용도에 따라 사업자 등록 신청이 불가능한 경우도 있어요.

사업자 등록 신청이 불가능하다는 사실을 부동산 계약 후 뒤늦게 알게 되면 보증금, 월세, 집기 비용, 중개 비용, 이사 비용 등의 경제적 출혈이 심할 수 있으니 임대차 계약 전에 부동산 중개인을 통해 특약 등의 안전장치를 마련해두세요.

제2종 근린 생활시설에만 사업자 등록이 가능한 업종

건강기능식품 판매업, 교습소, 노래연습장,
동물 미용실, 독서실, 사진관, 소독업,
의료기기 관련업 등

▲ 일부 업종으로만 사업자 등록이 가능한 건축물

② 확정일자를 받아두면 안전해요

만일의 경우에 대비해 확정일자를 받아두면 좋아요. 사업장으로 사용하기 위해 계약한 부동산의 당초 소유주가 재산 압류를 당하는 등 경매나 공매 절차가 진행되는 경우에는 확정일자를 기준으로 보증금 변제 우선순위를 정하기 때문이에요.

확정일자는 사업자 등록을 신청할 때 관할 세무서에 임대차 계약서 원본을 가져가면 한 번에 받을 수 있어요.

▲ 확정일자를 받
아야 하는 이유

③ 법인으로 사업을 시작할 예정이라면 임차인 변경 협의부터 하세요

창업 단계부터 법인으로 시작하려는 분들 중 사업자 등록과 법인 등록, 임대차 계약을 어떤 순서로 진행해야 하는지 문의하는 경우가 있어요. 그럴 때는 임대차 계약, 법인 등록, 사업자 등록순으로 하면 돼요.

사업장 임대차 계약을 가장 먼저 해야 하는 이유는 법인 등록(법인등기)을 신청할 때 본점 주소가 필요하기 때문이에요. 법인을 설립하기 전이니 임대차 계약서에는 임시로 법인 대표이사의 이름과 주민등록번호를 기입해주세요. 그런 다음 법무사, 변호사 또는 온라인 법인설립 시스템을 통해 법인등록을 마친 뒤 임대차 계약서상의 임차인 정보를 법인 상호와 법인등록번호로 변경해야만 사업자 등록 신청이 가능해요.

간혹 중개인이나 임대인이 법인과 계약하는 일에 익숙하지 않은 경우, 임차인 정보를 수정하거나 계약서를 재작성하는 절차가 원활히 진행되지 않아 예상치 않게 사업자 등록 신청까지 지연될 수도 있어요.

따라서 임대차 계약을 할 때는 법인 설립 이후에 임차인 정보를 법인 명의로 변경해달라는 내용을 확실하게 고지하고 계약서 재작성 또는 수정 일정을 협의해두는 게 좋아요.

▲ 임차인 변경 협의

Q 공유 오피스나 비상주 사무실도 사업자 등록 신청이 가능한가요?

A 가능합니다. 다만 3개월 미만의 단기 임대 계약이거나 인허가 업종일 때는 현장 조사 결과에 따라 사업자 등록이 안 될 수도 있어요. 그러니 공유 오피스 계약 전에 운영자에게 최소 계약 기간이 어

느 정도인지, 인허가 등의 이유로 사업자 등록 신청이 불가능해질 경우 환불이 가능한지 미리 확인해보세요.

> **TIP** 하나의 사업장을 여럿이 함께 쓰거나 자주 비운다면 주의해야 할 점
> 여러 명이 하나의 사업장을 함께 쓴다면 우편물 반송에 유의해야 해요. 국세청 안내문을 확인하지 않거나 세금 신고를 제때 하지 않는다면 사업이 정상적으로 운영되지 않는 것으로 판단해 폐업 처리가 되는 경우도 있거든요. 그러니 상가나 공유 오피스에서 공용 우편함 또는 사서함실을 이용한다면 주기적으로 우편물을 확인해주세요.

Q 바빠서 사업자 등록을 못 했는데 지난 날짜로 신청이 가능한가요?

A 정부지원사업에 선정되거나 금융기관에서 자금을 조달하게 된 경우라면 사업 개시일이 중요한 의미를 가지기도 해요. 이때 실제로 사업을 시작한 상태라면 관련 증빙을 통해 과거 특정 일자로 사업자 등록 신청을 할 수 있어요.

다만 사업 개시일을 과거 일자로 등록할 때는 조사관에 따라 요건을 까다롭게 검토하며 인정해주지 않는 경우도 있고 다른 납세 의무에도 영향을 미쳐 뒤늦게 세금 신고를 해야 할 수도 있으니 과거 일자로 사업자 등록을 신청해야 할 때는 반드시 회계사나 세무사와 상담하길 권해드려요.

Q 사업자등록증 발급 기간은 얼마나 걸리나요?

A 대표자가 사업장 소재지의 세무서를 방문해 사업자 등록을 신청할 경우, 개인사업자라면 사업자등록증이 즉시 발급돼요. 홈택스를 통해 신청한다면 조금 더 시간이 걸리는 편이에요. 지역에 따라 당일 발급이 승인되기도 하지만 하루를 넘기는 경우도 있어요.

일반 제조업, 식품 제조업 등은 조금 더 꼼꼼히 준비해주세요. 특히 정부지원사업 참여 일정과 겹치거나 네이버 스마트스토어를 넘겨받는 일정이 정해져 있다면 조사관이 관련 서류를 검토하고 현지 조사 과정에서 사업자 등록이 3~4일 지연되는 일이 많으니 일정을 여유 있게 준비하고 진행하길 권해드려요.

법인사업자라면 사업자등록증이 즉시 발급되는 경우는 거의 없어요. 인허가 업종을 영위하거나 마감이 얼마 남지 않은 정부지원사업에 참여하기 위해 급하게 법인을 설립하는 경우도 많은데 법인의 사업자 등록은 생각보다 시간이 걸리므로 가급적 영업일 기준 2~3일 정도 여유를 두고 신청하길 추천드려요.

만약 특별한 일이 없는데도 3일이 넘도록 사업자 등록이 완료되었다는 문자 메시지를 받지 못했다면 사업자 등록 신청 시 받은 접수증에 기재된 담당자 연락처로 확인 전화를 해보는 것도 좋아요.

접 수 증

접 수 번 호	○○○ − ○○○○ − ○ − ○○○○○○○○○○○
접 수 일 시	2021.09.09. 09:58:08
민 원 명	사업자등록 신청(개인)(법인이 아닌 단체의 고유번호신청)
민 원 인 (대 표 자 또는 대 리 인)	김○○ (한○○)
처 리 예 정 기 한	2021.09.13.
처 리 주 무 부 서	**(강동) (전화번호 : 02 − ○○○○ − ○○○○) 부가가치세과**
안 내 사 항	● 사업자등록증 수령시, 수령인의 「신분증」 및 「접수증」을 지참하시기 바랍니다. ※ 본인 또는 당초 접수자가 아닌 제3자가 수령하는 경우 위임장(개인의 경우 대표자, 법인의 경우 대표자 또는 법인의 위임장)과 위임자의 의사를 확인할 수 있는 서류(대표자 신분증(사본), 법인감증명서(사본) 등) 추가 지참 ● 홈택스(신청·제출메뉴) 및 모바일민원실(본인에한함)에서 방문접수처리상태조회가 가능합니다. ● 단, 홈택스에서 사업자등록신청(정정신고)한 경우에는 신청인이 「민원처리결과조회」 화면에서 발급번호를 클릭하여 사업자등록증 출력이 가능합니다.

민원접수자 :   김 ○ ○

(전화번호 : 02 − ○○○○ − ○○○○)

강 동 세 무 서

▲ 사업자 등록 신청 접수증

Q 사업자 등록 신청 시 제출해야 하는 필수 서류는 무엇이 있나요?

A 사업자 등록 신청 시 필요한 서류는 다음과 같아요.

개인 · 법인 공통 서류	• 대표자 신분증 • 임대차 계약서 • 위임장 및 대표자 인감증명서 추가 　(대표자가 아닌 사람이 방문하는 경우)
법인사업자	• 법인등기사항전부증명서 　(법인등기부등본) • 법인인감증명서 • 주주명부 • 정관

　사업장을 빌리지 않고 본인 또는 가족이 소유한 부동산 주소로 사업자 등록을 신청하는 경우라면 임대차 계약서가 필요하지 않은 대신 소유권 또는 사용권을 확인할 수 있는 서류를 추가로 요청할 수 있어요.

　필요 서류 중 일부가 준비되지 않았더라도 너무 걱정하지 마세요. 일단 준비한 자료를 바탕으로 사업자 등록을 신청한 뒤 보완 요청을 받았을 때 나머지 서류를 제출하면 사업자 등록 신청을 더욱 빠르게 진행할 수 있어요.

　위임장 및 주주명부 양식이 필요하다면 다음의 QR 코드를 확인해주세요.

▲ 위임장과 주주 명부 양식

국세청

부가가치세 신고 안내

▶ 사업자는 아래와 같이 부가가치세를 신고·납부하여야 합니다.

사 업 자	과세기간	확정 신고대상	확정 신고 납부기간
일반과세자	제1기 1.1.~6.30.	1.1.~6.30. 까지 사업실적	7.1.~7.25.
	제2기 7.1.~12.31.	7.1.~12.31. 까지 사업실적	다음해 1.1.~1.25.
간이과세자	1.1.~12.31.	1.1.~12.31 까지 사업실적	다음해 1.1.~1.25.

▶ 일반과세자는 4월과 10월에 간이과세자는 7월에 직전 과세기간의 납부세액을 기준으로 1/2에 해당하는
세액을 예정 고지합니다.[법인사업자는 예정신고·납부(4월, 10월) 및 확정 신고·납부(7월, 다음해 1월)]

  ※ 그 밖에 자세한 사항은 「국세청 홈페이지(www.nts.go.kr) → 성실신고지원 → 부가가치세」를 참조 바랍니다.

종합소득세 신고 안내

▶ 지난해 1년간의 소득에 대하여 다음해 5월 1일부터 5월 31일(성실신고확인 대상 사업자는 6월 30일)까지
주소지 관할세무서에 신고·납부하여야 합니다.

▶ 매년 11월에 소득세 중간예납세액을 납부하여야 합니다.

  ※ 그 밖에 자세한 사항은 「국세청홈택스(www.hometax.go.kr) → 성실신고지원 → 종합소득세」를 참조 바랍니다.

편리한 인터넷 서비스 / 세무상담 이용

▶ (신청 · 제출, 세금신고 · 납부, 조회/발급, 국세증명 발급) 대부분의 국세 사무를 인터넷 (www.hometax.go.kr)을
이용하여 처리할 수 있습니다.

▶ (국세증명) 인터넷(홈택스, 민원24)과 읍·면·동사무소 민원실 등을 이용하여 발급받을 수 있습니다.

▶ (전화상담) 문의사항이 사항이 있으면 126으로 전화하신 후 아래 번호를 선택하여 주시기 바랍니다.

1					2	3	4
(1)	(2)	(3)	(4)	(5)			
현금영수증	전자 세금계산서	신고납부 증명발급	학자금상환	연말정산 간소화	세법상담	세금고충상담	탈세 등 각종 제보

  ※ 상담시간 : 월~금 오전 9시~오후 6시 (탈세신고는 365일 24시간 가능합니다.)

▶ (인터넷상담) 홈택스(www.hometax.go.kr)로 접속하여 상담/제보 → 상담사례를 검색해 보신 후 인터넷상담을
이용해 보시기 바랍니다.

이 밖에 사업자가 알아두면 유익한 정보

▶ (4대 사회보험신고) 국민연금, 건강보험, 고용보험, 산재보험 가입은 가까운 담당기관들 중 한 곳에서 통합신고
가능하며, 인터넷(www.4insure.or.kr)으로도 신고하실 수 있습니다.

구 분	국민연금	건강보험	고용보험 / 산재보험	
의무가입	근로자 1인 이상 고용 사업장		상시근로자 1명 이상 사업장	
보험료부담	사용자와 근로자가 각 1/2씩 부담		고용보험	(실업급여) 사업주 근로자 각 1/2씩 부담 (고용안정·직업능력개발) 사업주 전액부담
			산재보험	사업주 전액 부담
담당기관	국민연금공단	건강보험공단	근로복지공단	
상담전화	1355	1577-1000	1588-0075	

▶ (그 밖에 사업시 알아야 할 세무정보) 세무서에서 배부해 드리는 사업경영자가 알아두면 유익한 세금정보
책자를 자세히 읽어보거나, 국세청 홈페이지(www.nts.go.kr) 및 홈택스(www.hometax.go.kr)를 이용하시면
필요한 정보를 아실 수 있습니다.

▲ 사업자등록증 원본 뒷면

Q 홈택스에서 사업자 등록을 신청했다면 사업자등록증 원본은 어떻게 받나요?

A 세무서에서 누런 종이에 출력한 사업자등록증만을 원본이라 생각하는 경우가 있어요. 하지만 뒷면에 유의사항 등이 인쇄되지 않았을 뿐 홈택스에서 신청 후 A4 용지에 출력한 사업자등록증도 원본과 동일한 효력을 지녀요. 그래도 굳이 노란색 사업자등록증을 받고 싶다면 가까운 세무서에서 사업자등록증을 재발급하면 돼요.

📋 요약 정리

- 집 주소로 사업자 등록을 신청할 수 있지만 업종에 따라 불가능한 경우도 있다.
- 전자상거래업은 홈페이지에 사업자 기본 정보가 공개되기 때문에 집 주소로 사업자 등록을 신청할 경우 거주지가 노출될 수 있으니 주의하자.
- 생활비나 거주지 공과금은 사업 경비로 반영할 수 없다.
- 사업자 등록은 기본적으로 각 주소당 하나씩만 가능하다. 그러나 대표자가 다르고 사업이 별도로 운영된다면 같은 주소에 사업자 등록을 중복해 신청할 수 있다.
- 사무실을 구할 때는 임대차 계약서를 쓰기 전 사업자 등록 신청 및 세금계산서 발행이 가능한지 먼저 확인하자.
- 공유 오피스나 비상주 사무실에서도 사업을 할 수 있다. 단, 이럴 경우 우편물을 잘 확인하자.
- 사업자등록증은 신청부터 처리까지 2~3일 정도 소요되는 편이다. 제조업이라면 조금 더 여유를 두고 신청하자.
- 사업자등록증은 PDF 파일이나 인쇄한 형태로도 원본과 같은 효력을 가진다. 원본을 꼭 받고 싶다면 가까운 세무서에 방문해 발급받을 수 있다.

02

다른 사람 명의로
사업자 내도 되나요

가족, 친구 명의로 사업자를 내려는데 괜찮을까요

👤 제가 사정이 있어서 가족이나 친구 등 다른 사람 명의로 사업자 등록을 하려는데 괜찮을까요?

👤 명의 대여는 불법인 데다가 법적 처벌 외에도 많은 불편이 따라요.

"다른 사람 명의로 사업자 내도 되나요?" 질문을 하면서도 왠지 안 될 것 같죠? 그 예감이 맞습니다. 괜찮지 않아요. 다른 사람 명의로 사업자등록증을 만들면 기본적으로 처벌 대상이 되기도 하고, 명의를 빌린 사람은 사업하는 동안 다음과 같은 여러 불이익을 겪게 돼요.

① 본인인증의 번거로움

요즘은 쇼핑, 은행 업무, 민원서류 발급 등을 대부분 온라인으로 쉽게 할 수 있어요. 그러나 타인 명의로 사업자등록증을 만들면 온라인 본인인증 단계에서 매번 막히기 때문에 무척 번거로워요.

② 금융 거래 시 불이익

사업용 계좌 및 카드는 사업주 본인 명의로 개설하게 되어 있어요. 따라서 타인의 명의를 빌려 차명계좌를 사용할 경우에는 금융실명제 위반에 따른 처벌 대상이 됩니다. 또한 실제 사업자와 사업자등록증상 대표자가 다르다면 사업과 관련해서 자금을 융통하거나 대출을 받을 때도 곤란한 상황이 발생할 수 있어요.

③ 재산 압류 등의 문제

사업자등록증상의 사업주 신용이 나빠지면 사업 관련 재산이 압류되거나 사업 대금을 정산받는 금융계좌가 원치 않게 압류되는 등의 문제가 생길 수 있어요.

사업을 할 때 다른 사람의 명의를 빌리는 일은 절대 권장하지 않아요. 반대로 누가 여러분에게 사업자 등록을 위해 명의를 빌려달라고 할 때도 조심하셔야 합니다. 검색 포털에 '사업자등록증 명의만 빌려줬는데'라고 입력해보면 별다른 생각 없이 명의만 빌려줬다 큰 피해를 입어 곤란해진 사람들의 도움 요청 글이 쉬지 않고 올라오는 것을 볼 수 있어요.

▲ 명의 대여 관련 국세청 안내문

Q 사업자를 내자마자 건강보험료 폭탄을 맞았어요!

A 사업자등록증을 신청하기 전 별도의 소득이 없던 분들 중에서 사업자를 내자마자 지역가입자라며 건강보험료가 부과되는 경우가 있어요. 이때 부과된 건강보험료가 부담된다면 건강보험공단에 전화해 사업자를 피부양자로 등재할 수 있는지 문의해보세요. 가족 중 건강보험료를 납부 중인 사람이 있고, 사업자 본인의 재산 요건도 충족된다면 당분간은 건강보험료를 납부하지 않을 수 있어요.

단, 사업자가 가족의 피부양자로 등재되어 보험료를 납부하지 않더라도 직원을 채용해 4대보험에 가입한다면 직원뿐만 아니라 사업주에게도 건강보험료와 국민연금이 부과된다는 점을 참고하세요.

▲ 개인사업자의
4대보험

자세한 내용은 건강보험공단(국번 없이 1577-1000)에 문의해보세요.

요약 정리

- 명의는 빌리지도 빌려주지도 말자.
- 건강보험료를 납부하는 가족이 있다면 피부양자 등재를 요청하자. 가족의 피부양자로 등재되면 사업자의 피 같은 건강보험료를 당분간 아낄 수 있다.

Q. 우리나라에 사업자는 총 몇 명일까요?

2021년 말 기준 국내 총 사업자는 920만 6,659명이었어요. 2012년에는 총 591만 8,551명이었으니 10년이 채 되지 않는 기간에 1.5배 이상 늘어난 셈이에요.

Q. 개인사업자가 많을까요? 법인사업자가 많을까요?

2021년 말 기준으로 국내 개인사업자는 총 802만 8,710명이고 법인사업자는 총 117만 7,949명으로 개인사업자 수가 월등히 많았어요. 개인사업자를 과세유형별로 나누면 일반과세자가 478만 4,627명으로 절반 이상을 차지했어요.

Q. 성별에 따른 사업자 비율은 각각 얼마나 될까요?

2021년 기준 총 사업자 920만 6,659명 중 남성은 약 60%, 여성은 약 40%를 차지했어요. 남성 중 개인사업자는 약 83%이고, 여성 중 개인사업자는 약 93%였어요.

Q. 연령대별 사업자 비율은 각각 얼마나 될까요?

2021년 총 사업자 수를 성별 및 연령대별로 나눈 비율은 아래와 같아요.

성별	40세 미만	40세 이상 60세 미만	60세 이상
남성	886,827명 (약 16%)	2,936,924명 (약 53%)	1,675,802명 (약 31%)
여성	672,839명 (약 18%)	2,037,335명 (약 55%)	983,261명 (약 27%)
총	1,559,666명 (약 17%)	4,974,259명 (약 54%)	2,659,063명 (약 29%)

03

투잡을 고민 중입니다

직장이 있어도 사업자를 낼 수 있나요

👤 직장인 월급처럼 안정적인 수익도 좋지만 사업도 해보고 싶어요. 퇴사 후에 준비하면 늦을 것 같아서 직장을 다니며 조금씩 시도하려는데 직장인도 투잡 개념으로 사업자를 낼 수 있나요?

👤 회사에서 겸업을 금지하는지 확인하세요. 투잡 소득이 생기면 세금 신고도 꼭 해줘야 해요.

우선 사업자 등록 전에 지금 다니고 있는 회사의 취업규칙이나 근로계약서에 겸업 금지 조항이 포함되어 있는지 확인해보세요. 공무원은 법으로 겸업이 금지되어 있고, 많은 대기업에서도 직원들의 겸업을 금지하고 있어요.

만약 지금 다니고 있는 회사에서 겸업을 특별히 금지하지 않는다면 자영업을 시작하기 위해 사업자를 내든, 3.3% 원천징수가 되는 프리랜서 아르바이트를 하든 문제가 되지 않을 거예요.

제가 투잡 중인 걸 회사에서 알 수 있나요

👤 급하게 돈이 필요해 업무 시간 이외에 잠깐 아르바이트를 하거나 재직 중 사업자를 내면 회사에서도 그 사실을 알게 될까요?

👤 보통은 근로자가 밝히지 않는 한 알기 어렵지만 월급 외 소득이 커지면 연말정산 과정에서 알게 될 수도 있어요.

근로자 본인이 알리지 않는 한, 근로자가 사업자 등록을 한 사실이나 근로자에게 다른 소득이 생겼다는 사실을 다니고 있

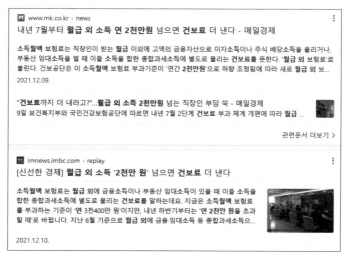

▲ 월급 외 소득에 따른 소득월액 건강보험료 관련 기사

는 회사에서 알 방법은 없어요. 하지만 근로소득 외의 소득이 연간 일정 금액을 초과하면 소득월액 보험료라는 이름으로 건강보험료가 추가되기 때문에 연말정산 과정에서 알게 될 수도 있어요.

투잡을 하면 연말정산과 세금 신고는 어떻게 하나요

👤 회사만 다니다가 부업을 처음 시작했어요. 연말정산과 세금 신고는 어떻게 하나요?

👤 회사에서 하는 연말정산은 평소처럼 하고, 근로소득 외의 사업소득 등은 모두 합산해서 종합소득세 신고도 해주세요.

연말정산은 근로소득 외에 다른 소득이 없는 근로자들이 간편하게 세금 신고를 마무리하고 업무에 집중할 수 있도록 마련한 제도예요.

먼저 1월경 4대보험 가입 중인 회사에서 기존과 동일한 방식으로 연말정산을 진행해주세요. 만약 투잡 등으로 다른 소득이 생겼다면 5월에도 한 번 더 세금 신고를 해야 하는데 연말

> **TIP**▶
> 사업자 등록을 했거나 프리랜서로 활동하는 등 근로소득 외에 사업소득이 발생한다면 4월 말에서 5월 초에 받게 되는 종합소득세 신고 안내문을 확인하고 반드시 다른 모든 소득을 합산하여 매년 5월에 종합소득세 신고를 해주세요.
>
>
> ▲ 신고안내문이란?

정산이 완료된 근로소득 외에 다른 소득까지 합산해서 신고해야 하기 때문이에요.

Q 연말정산 때 받는 신용카드 소득공제가 꽤 쏠쏠해요. 투잡을 하느라 카드를 많이 썼는데 이런 경우도 연말정산 때 소득공제로 반영하면 되죠?

A 투잡을 할 때 사업 관련해 카드로 결제했거나 현금영수증을 받은 지출내역은 연말정산에 반영하는 것보다 부가가치세 및 소득세를 신고할 때 반영하는 것이 훨씬 유리해요.

Q 투잡을 할 때 쓴 돈은 사업 경비로도 반영하고 연말정산 때도 반영하면 이중으로 혜택을 받는 것이니 더 좋은 거 아니에요?

A 사업 경비로 처리한 금액은 연말정산 때 중복으로 공제를 받을 수 없어요. 연말정산 신용카드 소득공제 신청서에는 간소화 자료에서 사업 경비로 처리한 금액을 제외한 나머지 금액만 반영해야 해요.

사업자와 프리랜서 중 세금 혜택은 누가 더 유리한가요

👤 사업자등록증을 가지고 일하는 것과 프리랜서로 일하는 것은 뭐가 달라요? 둘 중에 세금 혜택면에서 유리한 게 있나요?

🧑 사업자와 프리랜서는 세금 신고 방법, 지원금 혜택 등 많은 점에서 차이가 나요.

간혹 "저는 사업자 등록을 하지 않았는데 종합소득세 신고를 하려고 보니 사업소득이 잡혀 있대요" 하며 의아해하는 분들이 계세요. 이럴 때는 십중팔구 4대보험에 가입하지 않고 3.3% 세금을 공제하는 프리랜서 소득이 발생한 경우예요.

사업소득은 사업자등록증을 발급받은 경우와 프리랜서인 경우, 이 두 가지 유형으로 나눌 수 있는데 편의성이나 세금 혜택 등의 면에서 장단점을 구분하자면 다음과 같아요.

사업자등록증이 있다면 정부에서 주는 인건비 지원금을 받을 수 있고, 각종 세금 혜택도 프리랜서보다 다양하게 누릴 수 있어요. 특히 세금을 줄이려면 세금계산서, 현금영수증 등 국세청에서 인정하는 적격증빙을 잘 보관해두는 것이 중요한데 사업자등록증이 있다면 이런 적격증빙을 주고받을 수 있어 거

사업자와 프리랜서 장단점 비교

	사업자	프리랜서
세금계산서	발급 가능	발급 불가
카드 단말기/PG	개통 가능	개통 불가
부가가치세 환급	매입 금액의 10% 환급 (일반과세자 기준)	없음
손실보전금 등 정부지원금	사업자 지원 가능	프리랜서용 극소액만 가능
세무회계 수수료 지원	가능	전액 자기 부담
경비 인정	범위 넓음	상대적으로 좁음
인건비 신고(외주 등)	쉬움	어려움
인건비 보조 지원	최대 2년간 1,200만 원 등	없음
세금 신고	• 소액인 경우라면 큰 부담 없이 간단하게 종결 가능 • 납부세액이 큰 경우에도 세제 혜택을 활용해 최대 100%까지 세금 부담을 줄일 수 있음	• 소액인 경우 간단하게 종결 가능 • 금액이 큰 경우라면 세금 부담이 큼

래처에서 선호하기도 해요.

프리랜서는 세금계산서 등의 증빙에 딱히 신경 쓸 일이 없다는 것이 장점이라면 장점이에요. 거래 상대방과 계약서를 잘 작성하고 제때 돈을 받은 뒤 다음 해 5월, 종합소득세 신고를 마치면 끝이거든요. 하지만 프리랜서는 생활비와 사업 경비를 구분하기 어려워 사업자등록증을 갖춘 사업자보다는 경비 처리가 더 까다로워요. 또한 사업자를 위한 여러 세제 혜택을 받기 어려워 절세가 힘들 수도 있어요.

Q 직장에 다니며 프리랜서로 투잡 중인데 다른 사람에게 재하청 외주를 줬어요. 이런 경우에도 경비 처리가 가능한가요?

A 프리랜서는 다른 사람에게 지급한 인건비를 경비로 인정받기 어려워요. 특히 개발, 디자인, 번역 등의 전문서비스 업종은 인건비가 경비의 대부분을 차지하기 때문에 인건비를 반영하지 못할 경우 납부할 세금이 높아져 부담이 커져요.

정당하게 지급한 인건비를 최대한 사업 경비로 반영하기 위해서는 사업자 등록 후 인건비 신고를 반드시 해주세요. 절차에 따라 인건비를 지급했다면 인건비 신고를 통해 세금을 절감할 수 있어요.

요약 정리

- 직장인도 사업자등록증을 발급받거나 프리랜서 형태로 사업을 할 수 있다. 단, 재직 중인 회사에 겸업 금지 조항이 있는지 확인하자.
- 회사에서 투잡 사실을 바로 알아낼 수는 없다. 그러나 월급 외 소득이 일정 수준을 초과하면 건강보험료가 추가로 정산되는 과정에서 투잡 사실이 드러날 수 있다.
- 직장인이 투잡을 하고 있다면 평소처럼 1~2월에 연말정산을 하고, 추가로 5월에 다른 모든 소득을 합산해서 종합소득세 신고도 해야 한다.

- 사업자등록증이 있다면 인건비 지원금, 정부 보조금, 세금 감면 등 프리랜서가 받지 못하는 각종 혜택을 누릴 수 있다.
- 프리랜서는 증빙 관리나 세금 신고면에서 편하지만 지원금이나 세금 공제 혜택은 거의 없다.

04

동업, 정말 하면 안 되나요

동업을 생각 중인데 주변에서 모두 말려요. 동업은 뭘 조심해야 할까요

👤 관심사가 비슷한 친구와 함께 창업을 해보려고 합니다. 그런데 주변에서 동업은 함부로 하는 게 아니라며 다들 말리네요. 동업할 때 안 좋은 점이 있나요? 그렇다면 제가 뭘 조심해야 할까요?

👤 동업에도 여러 종류가 있어요. 분쟁이 생기지 않도록 소득 분배 등에 신경 써서 동업계약서를 작성해주세요.

어떤 분이 친구로부터 다음의 이야기를 들었다고 해요. "난 개발 업무를 잘하지만 디자인 업무는 네가 뛰어나니 우리가 힘을 합치면 대박이 날 것 같아. 내 동료가 돼라." 물론 혼자서 창업을 하는 것보다는 내게 부족한 부분을 채워줄 사람과 동업을 하면 든든하죠. 투자자가 스타트업의 가치를 판단할 때도 해당 기업이 빠른 시일 내에 결과물을 낼 수 있는 팀으로 구성되어 있는지를 살펴보니까요.

하지만 아무리 좋은 취지로 함께 사업을 시작했더라도 나중에 동업자끼리 서먹해질 수 있다는 이야기를 전해 듣고 동업에 대해 막연한 불안감을 갖는 경우도 있어요. 그렇다면 동업을 하기 전 꼭 알아두어야 할 사항들을 살펴볼까요?

① 동업에서 가장 중요한 것은 소득 분배

동업을 계획한다면 소득 분배의 중요성을 언급하지 않을 수 없어요. 손익 분배 비율이나 지분 비율을 어떻게 설정하느냐에 따라 소득세 절세 효과가 달라지거든요. 소득 분배 비율은 출자금 비율 또는 사업에 실질적으로 기여하는 정도를 고려해서 정하는 경우가 많아요.

Q 동업계약서는 어떻게 쓰나요?

A 동업 전에 동업계약서를 써두면 불필요한 분쟁을 사전에 막을 수 있어요. 동업계약서에는 다음의 필수사항 외에도 상호 간 합의한 특약사항 등을 자유롭게 추가할 수 있지만 개인의 자유를 심하게 제한하는 내용을 포함하거나 공정성이 부족하면 계약이 효력을 잃기도 하니 주의해서 작성해야 해요.

▲ 동업계약서는
어떻게 쓰나요?

동업계약서를 작성할 때 꼭 포함해야 하는 내용

- 동업자별 출자 방법, 출자 금액, 납입 기한
- (사업이 적자 또는 흑자일 때) 각각의 손익 분배 기준
- 동업자가 지분을 양도할 때 처리 방법
- 사업을 중단할 때 잔여 재산 분배 방법

공동사업계약서

_____ 사업에 관하여 쌍방 합의하에 상호 신의와 성실에 따라 다음과 같이 공동사업
계약서를 체결한다.

- 다 음 -

제1조 【목적】
본 계약은 _____ 를 공동으로 운영함에 있어 "갑", "을"간의 권리, 의무에 관한 기본적
사항을 규정함을 목적으로 한다.

제2조 【사업 지분율】
본 사업의 지분은 "갑"과 "을"은 _ : _ 로 하는 것을 원칙으로 하며 사업운영에 따른 법
인세 및 제세공과금등을 최우선 집행하는 것으로 한다.

제3조 【사업 수익금 지급】
본 사업의 수익금 중 "갑"과 "을"지분에 해당하는 수익금은 분양 후 계약금 회수부터"갑"과
"을" 지분에 따라 사업 정산 시까지 안분하기로 한다.

제4조 【사업 수익금 지급시기】
본 사업의 수익금 지급시기는 매월 25일로 하되 상호 협의하에 변경가능키로 한다

제5조 【수익금 관리】
본 사업에 관련하여 예상 수익금관리는 원칙적으로 "갑"과 "을"이 공동관리 하는 것을 원칙
으로 하며, 사안에 따라 쌍방 협의 하에 결정하기로 한다.

제6조 【세금】
본 사업에 관련하여 발생하는 세금은 원칙적으로 "갑"과 "을"이 정한 사업 지분율로 하는
것을 원칙으로 하며, 사안에 따라 쌍방 협의 하에 결정하기로 한다.

제7조 【공동사업의 폐업】
본 사업이 폐업 할시에 수익과 지출은 상호 협의하에 하되 원칙적으로 사업지분율로 나누기
로 한다.

제8조 【기타】
본 계약에 명시되지 않은 사항은 추후 사업을 진행하면서 "갑"과 "을"이 협의하여 처리하는
것으로 한다.

```
제9조 【관할 법원】
본 계약의 소송에 관련한 법원은 "갑"의 관할 법원으로 하기로 한다.
본 약정을 증명하기 위해 각각 1부씩 보관하기로 한다.

                    20 년   월   일


"갑"
성 명 :(인)
주민등록번호 :
주 소 :

"을"
성 명 : (인)
주민등록번호 :
주 소 :
  1.
```

▲ 동업계약서 양식 예

Q 공동사업자는 사업자등록증에 이름이 별도로 기재되는데 이 경우 어떤 차이가 있나요?

A 개인사업자가 사업자등록증 신청 또는 정정 시 동업계약서를 제출하면 사업자등록증에 동업자의 이름이 함께 기재되어 발급돼요. 이때 사업자등록증의 성명에 기재되어 있는 사람이 대표 공동사업자이고, 그 외의 공동사업자는 사업자등록증 성명 하단에 추가로 표기돼요.

대표 공동사업자는 공동사업자 중 지분 또는 손익 분배 비율이 가장 큰 거주자를 말하는데 지분 또는 손익 분배 비율이 같은 사람이 두 명 이상이라면 공동사업자끼리 의논해 대표 공동사업자를 정해요.

공동사업자의 권한과 책임은 대표 공동사업자와 별다른 차이가 없지만 금융 거래나 본인인증 등을 간편하게 하고자 한다면 사업 참여도가 조금이라도 높은 사람을 대표 공동사업자로 정하는 것이 좋아요.

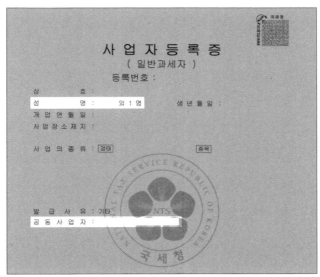

▲ 공동사업자의 사업자등록증 예

Q **법인사업자인데 동업을 할 수 있나요?**

A 법인은 동업의 형태가 더 다양해서 지분만 참여하는 경우, 각자 대표인 경우, 공동대표인 경우로 나누어 설명해드릴게요.

• **지분만 참여하는 경우:** 대표는 한 명이며 나머지 동업자는 일정 비율로 지분만 받는 경우예요. 이때는 대표이사가 모든 업무집행권을 가지는데 나머지 동업자들도 주주총회를 통해 대표이사를 선임할 수 있으니 간접적으로 지분을 통해 의사 결정을 한다고 볼 수 있어요.

• **각자대표인 경우:** 대표이사가 두 명 이상이며 각각의 권한이 독립적인 경우예요. 각 대표이사가 다른 대표이사들의 동의 여부와 무관하게 법인의 의사 결정을 할 수 있기에 여러 방면으로 일을 신속하게 추진할 수 있다는 장점이 있어요.

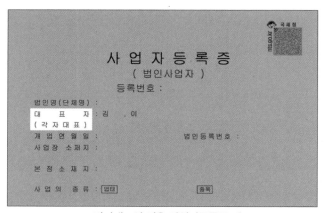

▲ 각자대표인 경우 사업자등록증 예

• **공동대표인 경우:** 대표이사가 두 명 이상이며 공동대표이사 전원의 의사 합치가 필요한 경우예요. 안건마다 다른 대표이사들의 동의

가 필요해 의사 결정에 시간이 소요될 수는 있지만 일단 의견을 통일한 안건이라면 흔들림 없이 업무를 추진할 수 있다는 장점이 있어요.

▲ 공동대표인 경우 사업자등록증 예

법인사업자의 동업 형태 차이

	지분만 참여	각자대표	공동대표
사업자등록증상 표기	대표자1	대표자1, 2, 3, … (각자대표)	대표자1, 2, 3, … (공동대표)
의사 결정 방식	대표이사가 단독 결정	각각의 대표이사가 자유롭게 결정	공동대표이사 간 의견 합치 필요
의사 결정의 신속함	빠름	빠름	상대적으로 더딜 수 있음
이견이 있을 경우	주주총회를 열어 대표이사 교체	대표 간 분쟁으로 이어질 수 있음	이견이 있다면 추진 자체가 안 됨

Q 가족과도 동업을 할 수 있나요?

A 가능해요. 다만 배우자 및 가족, 친척 등 특수관계인과 동업할

경우에는 손익 분배 비율을 정할 때 조금 더 유의해야 해요. 사업체 운영 방식이나 손익 배분 등이 동업계약서의 내용과 현저히 다르다면 세금을 줄이기 위해 명의만 빌려 소득을 분산하는 것으로 판단해 대표 공동사업자가 단독으로 세금을 부담해야 할 가능성이 있어요.

만약 A와 B가 손익 분배 비율 5:5로 공동사업자를 등록했다고 하더라도 B에게 배분되는 수익이 거의 없거나 형식적으로 배분한 뒤 A가 다시 돌려받는다면 실질적으로 공동사업이 아니라고 판단해 A에게만 세금을 부과할 수도 있어요.

동업계약서와 신분증, 임대차 계약서 등 필요 서류를 구비해 가까운 세무서를 방문하면 공동사업자가 표기된 사업자등록증을 발급받을 수 있어요.

국세청 홈택스(www.hometax.go.kr)에서 공동사업자 등록 신청 또는 정정 신고를 하려면 공동사업자의 신분증과 스캔한 인감증명서를 업로드해야 하니 미리 준비해주세요.

동업자를 직원이나 프리랜서로 등록하면 안 되나요

👤 어차피 같이 사업을 시작하고 일한다는 사실은 똑같으니 동업자를 직원으로 등록해도 될까요? 동업자를 대표자로 등록할 때와 직원으로 등록할 때 세금이 많이 달라지나요?

👤 동업자를 직원으로 채용하면 직원 몫의 4대보험료 일부를 대표님이 부담해야 할 수 있어요.

공동사업자는 동업계약서에서 미리 정한 손익 분배 비율에 따라 사업소득을 나누기 때문에 대표자가 각자 세금을 부담하게 되며, 동업자를 직원으로 채용하면 직원에게 지급하는 급여를 사업 경비로 처리하게 돼요.

정확한 계산만 이뤄진다면 공동대표로 등재할 때와 직원으로 등록할 때 부담하는 세금에 차이는 없겠지만 다른 직원 없이 동업자만 직원으로 등록한다면 4대보험료 부담이 생각보다 클 수 있어요. 자세한 내용은 3부 12 '직원을 채용하려고 해요'를 참고해주세요.

편의상 동업자를 프리랜서(사업소득자) 또는 기타소득자로 등록해서 보수를 지급하는 경우도 있어요. 동업자와 소득을 분배하는 방법에 따라 장단점이 존재하고 각자의 계산 방법이 달라

동업자와 오해가 생길 수 있으니 동업을 본격적으로 시작하기 전에 꼭 세무대리인과 상담하길 추천드려요.

요약 정리

- 개인사업자든 법인사업자든 동업이 가능하다.
- 동업할 때는 소득 분배에 유의하자. 가족과 동업할 때라면 더더욱 주의해야 한다.
- 동업자를 직원으로 등록하는 일도 가능하다. 단, 직원으로 등록할 경우 근로자의 4대보험료 일부를 추가로 부담할 수 있다.

Q. 신규 창업자와 폐업 사업자는 각각 몇이나 될까요?

2021년 한 해 동안 늘어난 신규 창업자는 145만 7,425명이고 폐업 사업자는 88만 5,173명이에요. 신규 창업자 중 외국인 등 성별 구분이 어려운 사업자를 제외한다면 약 54%가 남성이고 나머지 약 46%가 여성이에요. 같은 해 폐업 사업자의 성비 역시 남성이 약 54%, 여성이 약 46%였어요.

Q. 2021년 연령대별 신규 창업자는 각각 몇이나 될까요?

신규 창업자는 40세 이상 60세 미만이 절반을 차지했고, 40세 미만이 약 36%, 60세 이상이 약 14%를 차지했어요.

성별	40세 미만	40세 이상 60세 미만	60세 이상
남성	284,833명 (약 36%)	387,022명 (약 50%)	114,952명 (약 14%)
여성	237,600명 (약 36%)	344,211명 (약 51%)	87,598명 (약 13%)
총	522,433명 (약 36%)	731,233 명(약 50%)	202,550명 (약 14%)

Q. 2021년 기준으로 신규 창업자가 많은 지역 상위 세 곳은 어디일까요?

신규 창업자는 경기, 서울, 인천 순으로 많았어요. 경기는 전체 신규 창업자의 약 31%를 차지했고 서울은 약 20%, 인천은 약 7%를 차지했어요.

05

사업자 등록을 하지 않았는데
매출이 발생하면 불법인가요

사업자 등록을 꼭 해야 하나요

👤 사업자 등록을 꼭 해야 하나요? 용돈벌이 수준인데 사업자 등록 안 하면 안 되나요?

👤 사업자 등록을 미루거나 하지 않으면 가산세, 과태료 등의 불이익이 있어요.

사업자 등록을 하기도 전에 매출이 발생했다면 어떻게 해야 할까요? 다행히 아직까지는 괜찮습니다. 그러나 사업자 등록을 하지 않은 상태에서 매출이 계속 발생한다면 큰 곤경에 처할 수 있으니 빠른 시일 내에 사업자 등록을 하는 것이 좋아요. 이때 사업자등록증의 개업일은 가급적 매출 발생 이전 시점으로 설정해주세요.

매출이 발생했는데도 사업자등록증을 발급받지 않을 경우의 대표적인 불이익은 다음과 같아요.

부가가치세법상 사업자란 계속적·반복적으로 재화 또는 용역을 공급하는 자를 뜻해요. 계속적·반복적이라는 말의 정의가 모호한 편이라 가볍게 생각하고 사업자 등록을 미루는 분들이 많아요. 하지만 세금 조금 덜 내기 위해 사업자 등록을 미루다가는 세금은 세금대로 내고 가산세와 과태료를 세금보다 더 많이 내는 사례가 많다는 점을 꼭 알아두세요.

① 각종 가산세 부과

사업 개시일로부터 20일 이내에 사업자등록증을 신청하지 않으면 거래 금액의 일부가 사업자 미등록 가산세로 부과돼요. 납부할 세금이 있는데도 사업자 등록을 하지 않아 세금 신고를 못 한 경우에는 부가가치세, 종합소득세, 법인세 등 각 세목별로 무신고 가산세와 지연납부 가산세도 부과돼요.

또한 사업자 등록을 하지 않으면 현금영수증 가맹점에 가입할 수 없기 때문에 현금영수증 가맹점 미가입 가산세 및 현금영수증 미발급 가산세가 부과될 수 있어요.

현금영수증 가맹점에 가입하지 않았을 때의 가산세보다 더욱 치명적인 불이익은 사업자 등록 후에 해야 할 일을 정리한 2부 10 '현금영수증 가맹'에서 더욱 자세히 설명해드릴게요.

② 세금계산서 발급 불가

사업 매출이 발생했을 때 사업자 등록을 하지 않았다면 거래처가 요청하더라도 세금계산서를 발급해줄 수 없어서 거래처가 거래를 꺼릴 수 있어요. 물건이나 서비스를 구입하는 상대 거래처 입장에서는 세금계산서, 계산서, 현금영수증, 카드 영수증처럼 국세청에서 인정하는 적격증빙을 받아야 세금을 조금이라도 더 줄일 수 있기 때문이죠.

③ 부가가치세 매입세액 불공제

일반적으로 과세사업자는 물건이나 서비스 등을 이용한 대가로 지불한 금액 중 부가가치세에 해당하는 금액을 돌려받을 수 있어요. 예를 들어 백화점에서 110만 원짜리 노트북을 구입했다면 부가가치세에 해당하는 10만 원을 돌려받는데 이를 매입세액 공제라고 해요.

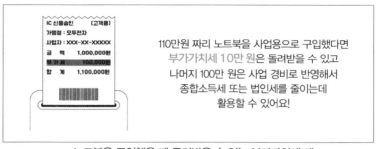

▲ 노트북을 구입했을 때 돌려받을 수 있는 부가가치세 예

반대로 국세청에서 인정하는 적격증빙을 갖추지 못했거나 사업과 관련 없는 지출 등 일정 조건을 만족하지 못하면 매입세액을 돌려받지 못하는데 이를 매입세액 불공제라고 해요.

사업자등록증 없이 프리랜서로 일한다면 적격증빙을 받았더라도 부가가치세 매입세액 공제를 받을 수 없어요.

관련 내용은 1부 03 '사업자와 프리랜서 중 세금 혜택은 누가 더 유리한가요'의 '사업자와 프리랜서 장단점 비교'표를 참고해주세요.

④ 업종에 따른 추가 불이익

업종에 따라 추가로 불이익이 발생할 수 있어요. 예를 들어 통신판매업의 경우 통신판매업 신고를 하지 않고 사업에 뛰어든다면 전자상거래법 제42조에 따라 3,000만 원 이하의 벌금에 처해져요.

Q 사업자 등록을 해야 하는 기준이 있나요?

A 누구나 완벽하게 준비된 상태로 사업을 시작하지는 않아요. 사업자등록증의 필요성을 잘 모르기도 하고, 취미 생활로 사업을 시작했다 뒤늦게 사업자 등록을 하는 경우도 꽤 많아요. 그렇다면 사업자 등록은 어떤 경우에 해야 할까요? 이 질문에 답하려면 우선 사업소득이 무엇인지 알아야 해요.

사업소득이란 금액이 크든 작든 상관없이 계속적·반복적으로 발생하는 소득을 말해요. 집에서 쓰던 중고 물건을 한두 번 팔아 발생하는 소득은 사업소득이 아니지만 차익을 위해 중고품을 사서 웃돈을 붙여 반복적으로 팔아 발생하는 소득은 사업소득에 해당하기 때문에 사업자 등록 및 세금 신고를 해야 해요.

강의나 번역 등의 용역을 제공할 때도 같은 기준으로 판단하는데 어쩌다 한 번이라면 기타소득으로 보겠지만 반복적으로 소득이 발생한다면 사업소득이에요. 이럴 때는 사업자 등록을 해서 세금계산서 등의 적격증빙을 주고받으며 거래하셔도 되고, 사업자등록증 없이 프리랜서로 활동하며 3.3% 세금을 떼고 대가를 받는 것도 가능해요.

후자일 경우 거래 상대방은 인건비 지급 내역을 국세청에 신고하고, 소득을 얻은 사람은 다음 해 5월 종합소득세를 신고해야 해요.

Q **취미로 하는 부업은 사업자등록증 없이 해도 괜찮죠?**

A '내가 뭐 큰돈 벌자고 하는 것도 아니고 남는 시간에 소소하게

용돈벌이나 하는 건데……'라는 마음으로 부업은 사업이 아니라고 애써 위안하며 사업자 등록을 하지 않고 어떻게든 세금 신고를 외면하는 사람도 많아요. 하지만 국세청은 누가 어떤 일을 취미로 하는지에는 관심이 없어요.

시간을 얼마나 할애하든, 돈을 잘 벌든 못 벌든, 계속적·반복적으로 하는 일이라면 사업으로 볼 수 있기에 사업자 등록도, 세금 신고도 당연히 해야 해요.

국세청에서는 신고되지 않은 소득을 발견했을 때 다음 페이지의 예처럼 무시무시한 안내문을 보내요.

📋 요약 정리

- 규모가 크든 작든 사업을 하려면 사업자 등록을 하자. 괜히 미루다가는 가산세만 눈덩이처럼 불어날 수 있다.
- 사업자 등록을 할 때는 개업일을 첫 매출이 발생한 날 이전 시점으로 설정하자.
- 프리랜서로 3.3% 세금이 공제된 경우에는 다음 해 종합소득세 신고 시 소득을 합산해서 신고해야 한다.
- 현금영수증 가맹점 가입을 반드시 하자.

■ 소득세 사무처리규정 [별지 제4-5호 서식] <개정 2020.6.24.>

국세청
National Tax Service

기 관 명
종합소득세 해명자료 제출 안내

문서번호 : 소득세과 –

○ 수신자 　(상호)　　대표자　　귀하

평소 국세행정에 협조하여 주신데 대하여 감사드립니다.

귀하의 종합소득과 관련하여 아래와 같이 과세자료가 발생하여 알려드리니 이에 대한 해명자료를 20 ． ． ．까지 제출하여 주시기 바라며, 해명자료를 제출기한까지 제출한 경우, 제출일로부터 30일 (기한연장 통지를 한 경우 그 기한연장일) 내에 그 검토결과를 통지합니다.

제출 기한까지 회신이 없거나 제출한 자료가 불충분할 때에는 과세자료의 내용대로 세금이 부과될 수 있음을 알려드립니다.

○ 과세자료 발생 경위

(보기) 이 자료는 국세청이 보유한 자료와 귀하의 종합소득세 신고 내용이 달라 발생한 자료입니다.

○ 과세자료 내용 　　　　　　　　　　　　　　　　　　　(단위 : 원)

| 과세자료명 | 귀속연도 | 과세자료 발생처 | | 과세자료금액 | 비 고 |
		상호 (성명)	사업자등록번호 (생년월일)		

○ 제출할 자료

(보기) 지급명세서, 금융거래 내용 등

년　　월　　일

기 관 장

위 내용과 관련한 문의사항은 담당자에게 연락하시면 친절하게 상담해 드리겠습니다.

◆ 담당자 : ○○지방국세청 ○○○과 ○○○ 조사관(전화 : 　　　　, 전송 : 　　　　)

210㎜×297㎜(백상지(80g/㎡) 또는 중질지(80g/㎡))

▲ 종합소득세 해명자료 제출 안내 예

창업을 준비하고 있어요　　　　　　　　　　　　　　　　　　71

2부

드디어 사업을 시작해요

대표님께 맞는 사업자 유형은 무엇일까요?

간이과세와 일반과세의 차이, 업종코드에 따라 달라지는 세금 등

미리 알아두면 좋은 점을 확인해보세요.

06

개인과 법인 중
어떤 사업자가 좋을까요

내게 맞는 사업자 유형 알아보기

🧑 법인사업자가 개인사업자보다 세금을 덜 낸다는데 진짜인가요? 법인은 복잡하고 어려워 보이는데 개인과 법인 중 어느 쪽이 제게 적합할까요?

🧑 대표님의 가치관이나 사업의 성격 등을 고려해서 결정해보세요. 개인사업자? 법인사업자? 둘 중 어느 쪽이 적합할지 고민하고 있다면 다음 각 항목을 읽고 1부터 5까지 점수를 매겨보세요.

1	2	3	4	5
사업은 돈을 벌고, 누리기 위해 하는 것. 열심히 일해서 번 돈으로 여행도 가고, 집도 사고, 좋은 차도 마음껏 타며 아무 제약 없이 사는 게 목표다.		목표		지금 당장 돈을 많이 벌지 못하더라도 혁신적인 서비스를 통해 사회에 기여하는 게 우선이고, 추후 기업 가치를 높인 뒤 지분을 매각할 계획이다.
사공이 많으면 배가 산으로 간다고 생각한다. 누군가 간섭하는 건 질색. 회사를 팔면 팔았지 설령 누군가 투자한다 하더라도 간섭받을 계획은 없다.		투자		사업 계획을 긍정적으로 보는 사람이 많아 어렵지 않게 투자받을 수 있을 것 같다. 타이밍도 중요하니 기회가 된다면 투자는 언제든 받을 예정이다.
나를 보고 돈을 빌려줬거나 투자했다면 내가 책임지고 갚는 게 당연하다고 생각한다.		책임의 한계		사업은 내가 아무리 노력해도 뜻대로 된다는 보장이 없다고 생각한다. 과도한 책임에 대해서는 선을 긋고 싶다.
사업자등록증에 간이사업자라고 쓰여 있더라도 아무 상관 없다.		대외신인도		비상장법인 대표가 주는 무게감이 탐난다.

살다 보면 가끔은 하나씩 빠뜨릴 수도 있지. 하나하나 꼼꼼하게 따지는 건 너무나도 스트레스! 가급적 가볍게 시작하고 싶다.	이해관계자에게 보고 의무	시간과 노력이 든다고 하더라도 회사의 경영성과를 정확하게 계산해 이해관계자들에게 누락 없이 성과를 보고하고 싶다.

18점 이상 : 법인의 장점을 최대한 누릴 수 있어요. 법인 대표님으로 딱이에요.

14~17점 : 법인 설립을 긍정적으로 생각해보세요.

10~13점 : 애매한 단계. 일단 개인사업자로 시작한 뒤 법인사업자로 전환하는 것을 고민해볼 수 있어요. 단, 법인 전환할 때의 번거로움은 대표자 몫.

10점 미만 : 법인사업자로 사업을 시작하면 실익이 없어 후회할 거예요. 개인사업자로 등록하길 추천드려요.

사업자 유형을 조금 더 자세히 알아보자

👤 사업자도 종류가 많더라고요. 사업자 종류를 제가 선택할 수 있는 건지, 그렇다면 어떤 차이가 있는지 궁금합니다.

👤 크게는 개인사업자와 법인사업자로 나뉘고, 부가가치세 과세 여부 및 사업 규모에 따라서도 나뉘어요.

사업자는 우선 개인과 법인으로 나뉘고, 과세 여부 등에 따라 유형이 달라져요.

① 개인사업자와 법인사업자

개인사업자는 사업을 혼자 하는 것, 법인사업자는 사업을 여럿이 하는 것이라고 생각하는 경우도 있는데 그렇지 않아요. 1부에서 공동사업자에 대해 살펴보았듯이 개인사업자도 여럿이 함께 동업할 수 있고 직원이나 동업자 없이 혼자 운영하는 1인 법인도 많아요.

개인사업자와 법인사업자의 가장 큰 차이는 소득이 귀속되는 대상이에요. 개인사업자의 소득은 대표자 개인의 것으로 보아 주민등록번호별로 세금을 신고·납부하고 남은 금액은 대표자가 자유롭게 쓸 수 있어요.

반면 법인사업자는 대표자나 최대 주주, 1인 주주와 무관하게 법인등록번호 기준으로 세금을 신고·납부해요. 법인은 그 자체로도 법적인 권리와 의무를 지닌 하나의 경제 주체이기 때문이죠. 법인카드를 대표자나 주주가 업무와 관계없이 함부로 쓰지 못하게 되어 있는 것도 바로 이런 차이 때문이에요.

만약 대표자나 주주가 법인의 돈을 개인적인 용도로 쓰려면 법인에게서 급여 또는 배당을 받는 과정을 거친 뒤 사용해야 하는데 이 과정을 소득처분이라고 해요. 소득처분 없이 돈을 자유롭게 사용하고 싶다면 법인을 권장하지 않아요.

② 과세사업자와 면세사업자

우리가 마트에서 사는 물건을 보면 과세 상품과 면세 상품이 있어요. 대표적인 예로 과자나 술 등 대부분의 공산품은 과세 상품이고 쌀이나 해산물 같은 미가공 식료품 등 일부는 면세 상품이에요. 과세 상품은 영수증에 부가가치세 또는 부가세라는 항목으로 세금이 별도 표시돼요.

사업을 할 때도 내가 취급하는 품목이 과세인지 면세인지를 따져봐야 해요. 문구류를 도소매로 판매할 예정이라면 과세사업자가 되고, 출판업을 할 예정이라면 면세사업자가 되는 식이

거든요. 출판업을 하면서 책과 관련된 문구류를 만들어 판다면 과·면세 겸영사업자가 되고요. 자세한 내용은 3부 11 '부가가치세 알아보기'에서 설명할게요.

사업자 유형

개인사업자	법인사업자
일반과세자	일반과세자
간이과세자	
면세사업자	

Q 면세사업자는 세금을 안 낸다?

A 면세사업자는 모든 세금이 면제된다고 오해하는 경우가 있는데 실제로 면제되는 세금은 부가가치세뿐이에요. 언뜻 생각하면 좋아보일 수도 있지만 매입 금액이 아무리 커도 부가가치세 환급을 받을 수 없어 인테리어 비용같이 큰 지출이 있는 경우 부가가치세를 돌려받지 못한다는 단점이 있어요.

대표적인 면세사업자는 병원, 의원, 학원, 출판사, 금융회사 및 농축수산업자가 있어요.

- 개인사업자는 주민등록번호별로 소득을 합산해 종합소득세를 신고 · 납부한다.
- 법인사업자는 주주 또는 대표자의 주민등록번호와 상관없이 법인등록번호별로 법인세를 신고 · 납부한다.
- 개인사업자가 번 돈은 대표자가 자유롭게 사용할 수 있지만, 법인사업자가 번 돈은 급여 또는 배당을 받는 과정을 거쳐야 사용할 수 있다.
- 면세사업자는 부가가치세 매입세액 환급을 받지 못한다.
- 면세사업자는 납부할 부가가치세가 없다.

Q. 개인과 법인은 각각 소득세를 얼마나 부담했을까요?

2021년 기준 개인 종합소득세 총 결정세액은 약 44조 5,525억 원이었어요. 같은 해 법인세 납부세액 총액은 약 20조 4,165억 원이고 각 법인당 평균 법인세는 약 2억 9,600만 원이었어요.

Q. 그렇다면 개인의 1인당 매출(총수입금액)과 종합소득세 결정세액은 각각 어느 정도일까요?

2021년 귀속 종합소득세 신고 자료 통계를 보면 1인당 평균 매출(총수입금액)은 약 1억 3,968만 원이고, 1인당 평균 종합소득세 결정세액은 약 636만 원이었어요.

Q. 어떤 업종의 총수입금액이 가장 많을까요?

2021년 개인 종합소득세 성실신고확인대상자만을 놓고 보자면 도소매업의 사업 및 부동산 소득이 약 154조 4,715억 원으로 가장 많았어요. 그러나 1인당 총수입금액은 금융 및 보험업이 약 38억 7,917만 원으로 가장 많았어요.

Q. 법인세는 어떤 업종의 수입금액과 총부담세액이 가장 많을까요?

2021년 기준 법인세를 신고한 전체 법인의 수입금액 합은 약 5,380조 8,714억 원이었어요. 수입금액이 가장 많은 업종은 금융 및 금융관련 서비스업으로 전체 금액이 약 753조 2,271억 원이었고, 영상, 음향 및 통신장비 제조업과 건물 건설업 등이 그 뒤를 이었어요. 총부담세액 역시 금융 및 금융관련 서비스업이 약 12조 4,563억 원으로 가장 많았어요.

07

간이과세가 뭐예요?
일반과세보다 좋은 건가요

간이과세자는 일반과세자보다 세금을 덜 내나요

👤 간이과세와 일반과세는 뭐가 다른가요? 간이과세자가 세금을 덜 내나요?

👤 간이과세자 중 매출 규모에 따라 부가가치세를 안 내도 되는 경우가 있기는 해요. 하지만 일반과세자보다 무조건 세금을 덜 내는 것은 아니에요.

▲ 간이과세 VS 일반과세

연간 매출 규모에 따른 과세사업자 분류

간이과세자	간이과세자 세금계산서 발급 사업자	일반 과세자

※ 전년도 수입금액(매출액)이 일정 금액 미만이면 간이과세를 적용받으며, 간이과세자 중에서도 매출액이 일정 금액 이상일 경우에는 일반과세자와 마찬가지로 세금계산서를 발급할 수 있다.

　　간이과세자는 기본적으로 연간 매출이 적은 영세 개인사업자를 말해요. 그래서 법인사업자는 간이과세를 적용받지 못해요. 매출 대비 매입이 많지 않다면 간이과세자가 유리할 수 있어요. 특히 간이과세자 중에서도 연간 매출이 4,800만 원 이하인 사업자는 부가가치세를 한 푼도 내지 않아도 된다는 장점이 있어요. 물론 납부만 면제될 뿐 신고는 해야 하지만요.

　　그러나 번 돈보다 쓴 돈이 많아 적자가 났을 때 일반과세자는 부가가치세를 돌려받을 수 있지만 간이과세자는 환급이 불가능해요. 다시 말하자면 경우에 따라서는 매출 규모나 업종 등이 같은 조건일 때 간이과세자가 환급을 받지 못한다는 면에서 더 불리할 수도 있다는 거죠.

간이과세자와 일반과세자 비교

	간이과세자	일반과세자
기준	간이과세 요건을 만족하는 신규 사업자 또는 전년도 매출금액 8,000만 원 미만인 사업자	전년도 매출금액 8,000만 원 이상일 경우 간이과세자에서 일반과세자로 강제 전환
매출세액 계산 방식	1.5~4%	10%
세금계산서 발급	세금계산서 발급 간이과세자로 전환 후 가능	가능
부가가치세 환급	불가능	가능
납부 면제	연간 매출액 4,800만 원 이하일 때 납부 면제	–

Q 간이과세자는 세금계산서 발급 대상이 아니라던데 그럼 거래할 때 세금계산서를 아예 주고받을 필요도 없겠네요?

A 간이과세자는 세금계산서를 발급할 수 없다고 알고 있는 사람이 많아요. 그러나 최근에는 법이 개정되어 전년도 매출 4,800만 원 이상인 간이과세자(세금계산서 발급 사업자)에 한해서는 세금계산서

를 발급할 수 있게 되었어요.

또한 간이과세자는 일반과세자와 달리 부가가치세 환급이 불가능하기 때문에 매입 세금계산서를 받는 의미가 없다며 안 받는 경우가 있는데 경우에 따라 종합소득세 절세를 위해서는 부가가치세를 납부하더라도 세금계산서를 받는 게 도움이 되는 경우도 있어요.

만약 큰 지출이 예정되어 있는데 세금계산서를 받는 게 유리할지 잘 모르겠다면 꼭 세무대리인과 상의해주세요.

Q 세무서에서 간이과세자로 등록을 안 해준대요. 왜죠?

A "매출이 적을 것 같아 간이과세자로 등록하려 했는데 세무서에서 퇴짜를 맞았어요."

"작년 매출이 5,000만 원도 안 되는데 왜 저는 간이과세자로 바뀌지 않나요?"

매출이 적거나 신규 개업하는 경우에도 위와 같이 간이과세를 적용받지 못했다면 간이과세 적용 대상에서 제외되는 간이과세 배제 기준에 해당하기 때문일 수도 있어요.

▲ 간이과세 배제 기준

사업자 등록 전에 간이과세자 적용 여부를 확인하고 싶다면 임대차 계약 전에 국세청 콜센터(국번 없이 126)를 통해 해당 주소지에 간이과세자 등록이 가능한지 확인해보길 추천드려요.

〈간이과세자로 사업자 등록을 할 수 없는 대표적인 사례〉

- **내 명의로 일반과세 사업자가 등록되어 있는 경우:** 이미 일반과세로 운영 중인 사업장이 있다면 간이과세자 등록이 불가능 해요. 일반과세자로부터 포괄양수받은 경우에도 간이 과세자 등록은 할 수 없어요.

▲ 사업의 포괄양 수도란?

- **간이과세 배제 업종인 경우:** 도매업, 제조업, 전문직, 건설업, 사치 향락업 등 일부 업종은 간이과세를 적용받을 수 없어요.

- **간이과세 배제 지역인 경우:** 수도권 및 시내 중심지 등 특정 지역

간이과세 배제 업종 예

서비스업	건설폐기물수집운반업, 골프장운영업, 공연시설운영업, 실내·실외경기장운영업, 욕탕업*, 운전학원, 자동차종합수리업, 피부미용업* …
소매업	가구소매업, 가전제품소매업, 대형마트, 시계금귀금속 소매업, 악기소매업, 의료용기구소매업, 자동차중개업, 차량용 주유소영업 …
숙박업, 음식업	기타주점업, 김밥기타간이음식점*, 출장음식서비스업, 치킨전문점*, 호텔업, 휴양콘도운영업 …
운수업	기타해상운송업, 농산물창고업, 물류터미널운영업, 시외버스운송업, 전세버스운송업, 항공화물운송업 …
통신업	포털및기타인터넷정보매개서비스업

* 일부 업종은 사업장 면적에 따라 간이과세를 적용받는 경우도 있음

에서는 간이과세를 적용받기 어려운 경우가 있어요. 백화점 및 대형 마트에 입점한 상가 또는 아울렛, 대형몰 등 집단 상가도 간이과세 배제 대상으로 지정된 경우가 있으니 사업할 지역과 매장을 물색할 때 참고하세요.

Q 간이과세 포기 제도란?

A 간이과세를 적용받고 있지만 일반과세자로 바꾸고 싶을 때, 또는 간이과세자로 전환될 예정이지만 계속해서 일반과세를 적용받고 싶을 때는 간이과세 포기 신고를 할 수 있어요. 다만 한 번 간이과세를 포기하면 3년간 간이과세를 적용받을 수 없으니 신중하게 선택하세요.

간이과세 포기 신고서는 일반과세를 적용받고 싶은 달의 전달 마지막 날까지 제출하면 돼요. 예를 들어 5월부터 일반과세를 적용받으려면 늦어도 4월 말까지는 간이과세 포기 신고서를 제출해야 해요.

Q 과세유형이 바뀌면 부가세 신고는 어떻게 하나요?

A 과세유형이 달라지는 경우에는 과세유형 전환 시기에 맞춰서 부가가치세 신고를 해주어야 해요. 일반적인 경우라면 7월 1일을 기점으로 전환되기 때문에 부가가치세 신고서상 상반기와 하반기의 과세유형이 달라지게 돼요.

▲ 과세유형 전환

- 신규사업자 또는 전년도 매출액이 일정 금액 미만인 사업자는 간이과세를 적용 받을 수 있다.
- 간이과세자 중 매출액이 일정 규모 미만인 사업자는 부가가치세를 안 내도 된다. 하지만 이 경우에도 세금 신고는 해야 한다.
- 간이과세자 중 매출액이 일정 규모 이상인 사업자는 일반과세자처럼 세금계산서 를 발행할 수 있다.
- 버는 돈에 비해 쓰는 돈이 적다면 간이과세자가 유리할 수 있다. 그러나 간이과세 자는 매입 금액이 아무리 커도 부가가치세를 돌려받지 못한다.
- 간이과세 적용을 포기하기는 쉽지만 다시 적용받기는 매우 어렵다.

Q. 2021년 기준 간이과세자는 총 몇이나 될까요?

간이과세자는 총 802만 8,710명의 개인사업자 중 197만 1,951명에 달했어요.

Q. 간이과세자는 어떤 업종에 가장 많이 분포되어 있을까요?

2021년 간이과세자 중 소매업 종사자가 약 54만 명으로 가장 많은 비율을 차지했어요. 부동산 임대업이 약 44만 6,000여 명, 서비스업이 약 40만 명, 음식업이 약 29만 명으로 뒤를 이었어요.

Q. 간이과세자의 연평균 매출과 업종별 간이과세자의 매출은 어느 정도일까요?

2021년 기준으로 신고된 간이과세자의 연간 과세매출은 약 39조 3,500억 원이며 업종별로 보자면 음식점업이 한 해 동안 신고된 과세표준 중 약 13조 7,500억 원으로 전체의 약 35%를 차지했어요.

Q. 개인사업자 중 일반과세자와 법인사업자의 연간 과세매출은 각각 얼마일까요?

법인사업자의 2021년 연간 총 과세매출은 약 3,406조 8,100억 원이고, 같은 해 개인사업자 중 일반과세자의 연간 총 과세매출은 약 749조 4,250억 원이에요.

08

업종코드는 뭔가요

매출도 비슷한데
왜 저만 세금을 많이 내나요

👤 동종업계 지인들과 비교하면 저만 유난히 세금을 많이 내는 것 같아요. 매출도 비슷하던데 왜 그런가요?

👤 그럴 때는 업종코드를 확인해보세요. 업종코드 하나로 세금과 관련된 많은 것이 달라져요.

똑같은 사업을 하더라도 어떤 업종코드를 선택하느냐에 따라 내야 할 세금이 달라질 수 있어요. 업종코드가 중요한 이유는 업종코드에 따라 각종 세제 혜택 및 보조금, 지원금의 적용 여부도 달라지기 때문이에요. 그러니 이왕이면 조금이라도 우대받을 수 있는 업종을 선택해야겠죠?

① 소득률과 경비율

매출 규모가 작고 장부 작성 방법이 익숙하지 않은 영세자영업자들은 세금 신고를 어려워하기도 해요. 세무대리인에게 세금 신고를 의뢰할 비용조차 없는 경우도 있어요. 다행히 국가에서도 이런 사람들에게 무리하게 세금을 부과하거나 세금 신고 의무를 강하게 요구하지 않아요. 제대로 신고한다고 하더라도 소득이 극히 적어 어차피 걷을 세금도 거의 없거든요.

이런 영세자영업자는 장부를 작성하지 않더라도 업종별 경비율, 소득률 통계치에 근거해서 세금을 신고·납부할 수 있는데 이를 추계신고라고 해요. 쉽게 말해서 '이 정도의 매출이었다면 이 정도는 경비로 인정해주겠다'라고 하는 식이죠.

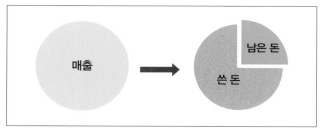

▲ 총 사업 매출에서 쓴 돈(경비)을 빼면 남은 돈(소득)을 구할 수 있다

경비율이란 동일 업종에서 통상적으로 벌어들이는 돈 중 사업 목적으로 쓴 비용이 차지하는 비율을 말하고, 소득률이란 동일 업종 종사자의 통상적인 매출 중 경비를 제외한 소득이 차지하는 비율을 말해요.

만약 A라는 업종에서 평균적으로 100만 원을 벌고 30만 원을 사업 경비로 쓴다면 경비율은 30%가 되고 소득률은 70%가 되는 거죠. 즉, 경비율과 소득률은 서로 반대 개념이라고 볼 수 있어요.

1 - 경비율 = 소득률

예를 들어 경비율이 90%인 업종코드 A와 60%인 업종코드 B가 추계신고를 한다고 가정해볼게요. 전체 매출이 100만 원일 때 A 업종을 영위하는 사업자는 매출의 약 10%인 10만 원에 대한 세금만 부담하면 돼요. 그러나 업종코드를 B로 잘못 적용한다면 매출의 약 40%인 40만 원에 대한 세금을 부담해야 하니까 더 불리하겠죠?

매출 금액이 같을 때 업종코드에 따른 추계경비율 비교

	업종코드 A	업종코드 B
추계경비율	90%	60%
매출	100만 원	100만 원
추계신고 시 인정되는 경비	90만 원	60만 원
과세표준(세금을 부과할 때 기준이 되는 금액)	10만 원	40만 원

이런 사실을 미리 알지 못해 뒤늦게 업종코드를 바꿔야 한다면 사업자 등록증 정정을 통해 반영할 수 있어요.

▲ 사업자등록증 정정하는 방법

Q **동종업계 지인들보다 세금이 더 많이 나왔어요. 매입, 매출도 비슷한데 왜 저만 이렇게 세금을 많이 내죠?**

A "친구랑 저는 사업 업종도 똑같고 돈 버는 수준도 비슷한데 세금은 저만 많이 내요. 제가 뭐 잘못한 게 있나요?"간혹 이런 고민을 하는 사람들이 있는데 소득세는 실제 거래 내용을 토대로 장부를 작성해 신고하거나(장부신고) 업종별로 특정 비율만큼 경비를 반영해서 신고하는 방법(추계신고)이 있어요.

매출 규모가 같아도 실제로 지출한 경비 금액이 다르거나 업종이 달라 추계신고 시 인정되는 경비 한도가 다르다면 내야 할 세금도 달라져요.

참고로 법인은 추계신고 제도가 없어 반드시 장부신고를 해야 해요.

추계신고와 장부신고

추계신고		장부신고	
단순경비율 =A 미만	기준경비율 =A 이상	간편장부 =B 미만	복식부기 =B 이상

※ 전년도 수입금액(매출액)이 A 또는 B 를 기준으로 어느 구간에 해당하는지에 따라 신고 방법이 달라지며, 이때 기준이 되는 A, B 금액은 업종에 따라 다름

업종코드에 따라 달라지는 세금 혜택

👤 업종코드 하나로 세금이 달라진다고요? 어떻게요?

👤 세금은 공제·감면을 적용하느냐, 아니냐에 따라 크게 달라지는데 업종코드에 따라 감면 여부가 달라지기 때문이에요.

① 세액 공제, 세액 감면

세액 감면 혜택은 업종뿐 아니라 매출 규모, 대표자의 창업 이력, 사업장 소재지 등에 따라 달라져요. 예를 들어 유사투자 자문업 같은 경우는 업종코드에 따라 감면 혜택이 달라지는 대표적인 사업이에요. 어떤 곳은 금융업으로 등록해 감면과 공제 혜택을 거의 받지 못하는데 어떤 곳은 소프트웨어개발업이나 정보통신업으로 등록해 세제 혜택을 크게 누릴 수도 있어요.

Q 창업한 친구들 중 누구는 세금을 내고 누구는 세금을 안 내던데 왜 그런 거예요?

A 창업중소기업 세액감면 제도란 창업자의 나이와 사업장이 속한 지역, 업종에 따라 창업 후 5년간 소득세 일부 또는 전부를 면제

해주는 감면 제도예요. 청년으로 보는 나이 요건(만 15~34세)을 만족한다면 그렇지 않은 경우보다 감면율이 높고, 사업장이 수도권 등 과밀억제권역에 있을 때보다는 과밀억제권역 외의 지역에 있을 때 더 많은 혜택을 줘요.

▲ 청년창업중소
기업 세액 감면

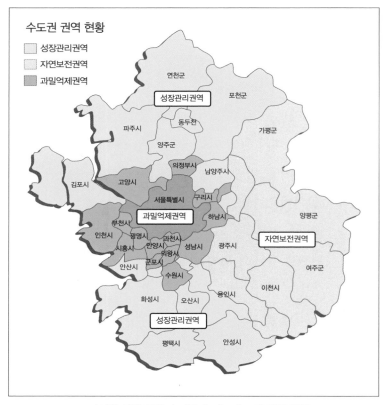

▲ 감면율 차등 적용의 기준이 되는 수도권 권역 현황

청년창업중소기업 세액감면 내용

대표자 나이 기준	지역 기준	소득세 감면율
청년창업중소기업	수도권 과밀억제권역 외	5년간 100% 감면
	수도권 과밀억제권역	5년간 50% 감면
창업중소기업	수도권 과밀억제권역 외	

과밀억제권역 외의 지역은 대체로 교통편이 좋지 않거나 기본적인 사업 인프라가 잘 구축되어 있지 않아요. 따라서 정부는 이런 악조건 속에서 창업해 일자리를 창출하는 기업을 대상으로 지역 경제 활성화에 이바지하는 만큼 혜택을 주려고 해요.

이러한 창업 혜택을 활용하면 창업 후 5년간 소득세 일부 또는 전부를 면제받을 수 있다 보니 창업하려는 지역이 과밀억제권역 끝에 애매하게 걸쳐 있을 때는 세액감면 혜택을 최대한 누리기 위해 과감하게 과밀억제권역 밖에서 창업하는 경우도 있어요.

Q **사업자등록증에 업종, 업태, 종목은 몇 개까지 등록할 수 있나요?**

A 사업자등록증에는 업종을 여러 개 등록할 수 있어요. 처음 사업자 등록을 할 때 업종을 선택해도 되고, 사업을 시작하고 나서 사업자 등록증 정정을 통해 업종을 추가할 수도 있어요.

Q 사업자등록증에 등록하지 않은 업종과 관련해서 일회성 매출이 발생했어요. 세금계산서 발행 전에 무조건 업종을 추가해야 하나요?

A 어쩌다 한 번 생긴 매출이라면 굳이 업종을 추가하지 않아도 돼요. 하지만 비슷한 거래가 앞으로도 발생할 예정이라면 사업자등록증에 해당 업종을 추가하는 것이 좋아요.

▲ 업종 추가 관련 유의사항

요약 정리

- 사업자 등록 전 업종코드를 신중하게 선택하자. 똑같은 사업을 하더라도 업종코드에 따라 내야 할 세금이 달라지는 경우가 있기 때문이다.
- 사업자등록증에 표기되는 업종명은 홈택스에서 직접 수정할 수 있다.
- 사업 규모가 비슷해도 업종이나 창업 지역 등에 따라 세금이 달라질 수 있다.
- 세액공제와 세액감면을 활용하면 세금 부담을 줄일 수 있다.

TIP 사업자등록증에 표기할 업종명을 수정할 수 있다

"사업자 등록을 할 때 고민 끝에 업종코드를 고르긴 했는데 사업자등록증에 그 대로 표기될 거라고 생각하니 마음에 들지 않아요." 이런 생각이 든다면 홈택스에서 업종명을 수정해보세요. 사업자등록증에 사업 내용을 더 구체적으로 나타내고 싶거나 업태명과 업종명이 불필요하게 길 경우에 활용하면 좋은 방법이에요.

▲ 사업자등록증 업종명 수정

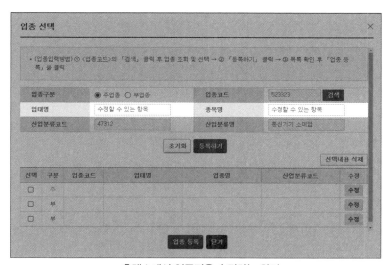

▲ 홈택스에서 업종명을 수정하는 화면

09

초보 사업자에게 힘이 되는
지원금, 어디 없나요

지원금 정보를 발 빠르게 얻는 꿀팁

👤 괜찮은 사업 아이템은 있는데 자금이 좀 부족해요. 투자를 받자니 막막하고, 은행 대출에는 한계가 있는데 뭐 좋은 방법 없을까요?

🧑 잘 찾아보면 지원금이 많아요. 몇 가지 대표적인 지원금을 알려드릴게요!

창업 자금을 마련할 때의 부담감은 창업을 망설이게 되는 중요한 요소 중 하나예요. 힘들게 모아온 사업 자금을 실수로 날릴까 봐 걱정이 될 때도 있죠. 하지만 창업 활성화를 위한 다양한 정부 지원금이 마련되어 있으니 다음의 내용을 한번 확인해보세요.

① 예비창업패키지

예비 창업자를 대상으로 창업 교육, 전문가 멘토링, 시제품 개발 및 마케팅 등 창업 활동 비용을 최대 1억 원까지 지원하는 프로그램이에요. 지원 대상에 연령 제한은 없지만 유흥업 등 일부 업종은 제외되니 자세한 내용은 옆의 QR 코드를 확인해보세요.

▲ 예비창업패키지

② 청년창업사관학교

청년창업사관학교 사업도 눈여겨보세요. 지원 대상으로 선
발되면 창업 준비부터 교육 프로그램 및 개발비 등
을 지원받을 수 있고, 사업이 안정화되는 단계까지
5년간 후속 성장도 지원해요.

▲ 청년창업사관
학교

③ 초기창업패키지

창업 3년 이내 기업을 대상으로 시제품 제작, 마케팅 등에 필
요한 자금을 최대 1억 원까지 지원하는 프로그램
이에요. 대학, 공공기관, 민간 등 각 주관기관에 따
라 별도의 창업 지원 프로그램을 제공해요.

▲ 초기창업패키
지

④ 재도전성공패키지

재창업을 예정하고 있거나 재창업 후 7년 이내
인 기업에 최대 1억 원의 사업화 자금, 재창업 교
육, 멘토링 등을 제공하는 제도예요.

▲ 재도전성공패
키지

⑤ 창업도약패키지

도약기에 접어든 창업 3~7년차 기업에 최대 3억 원의 사업
화 자금과 주관기관의 특화 프로그램을 지원하는 제도예요. 대

기업 협업 프로그램을 통해 판로 확보, 투자 유치, 공동사업의 기회를 노려볼 수 있는 좋은 방법이기도 해요.

▲ 창업도약패키지

⑥ 창업성장기술개발사업

창업 후 7년 이내인 중소기업 등에 R&D 지원이 가능한 사업이에요. 상반기와 하반기로 나누어 접수를 받고 사업 분류(디딤돌, 전략형)에 따라 개발 기간과 지원 한도가 달라져요. 최대 1~3억 원 규모의 지원금 중 80%까지는 정부 지원금으로 충당돼요.

▲ 창업성장기술개발사업

⑦ K-비대면 서비스 바우처

화상 회의, 보안 프로그램, 협업툴 등 재택근무에 필요한 서비스를 지원하는 사업이에요. 중소기업을 대상으로 부가가치세 포함 최대 440만 원까지 바우처 사용이 가능하고, 자부담금 30%를 제외한 나머지 70%는 정부 지원금으로 구성돼요.

▲K-비대면 서비스 바우처

⑧ 창업기업지원서비스 바우처(세무회계비용 바우처)

기장·결산·조정 수수료 등 세무대리 서비스를 이용할 때 쓸 수 있는 적립금 형식의 지원금이에요. 창업 3년 이내인 청년 기업에 연간 100만 원씩 최대 2년까지 지원하고, 해마다 신청 기간이 정해져 있어요. 자세한 신청 조건 및 방법은 K스타트업 홈페이지(k-startup.go.kr) 모집 공고를 통해 확인할 수 있어요.

TIP ▶ 지원금 정보를 발 빠르게 얻는 꿀팁

• 카카오톡 비즈봇 지원사업알리미 챗봇

'카카오톡 플러스 친구'에서 '비즈봇 지원사업알리미 챗봇'을 검색해 친구 추가하고 채팅 기능을 활용하면 사업 정보와 알림 시간 등을 설정해서 내게 꼭 맞는 지원금 정보를 받아볼 수 있어요.

▲ 지원금 정보 확인하기

▲ 비즈봇 지원사업알리미 챗봇

• K-Startup 창업지원 포털

중소벤처기업부, 지자체 등 각종 기관 및 단체의 지원 사업을 한눈에 볼 수 있는 사이트예요. 홈페이지 메인 화면에서 [사업 공고]-[모집 중] 메뉴로 들어가면 현재 접수 중인 지원 사업이 조회되고, 맞춤형 검색 기능을 활용해 세부 조건을 설정할 수도 있어요.

▲ K-startup 지원 사업 맞춤형 검색 화면

• 구글 알리미

지원 사업 공고가 언제 올라오는지 오매불망 기다리며 매일 K스타트업 홈페이지를 확인하기 힘들겠죠? 그럴 땐 '구글 알리미'에서 구글 계정으로 로그인한 후 검색창에 원하는 키워드를 입력해보세요. 입력한 키워드가 포함된 글이 올라오면 알림을 받을 수 있어서 지원금뿐만 아니라 청약이나 투자 정보를 빠르게 알고 싶을 때 유용해요.

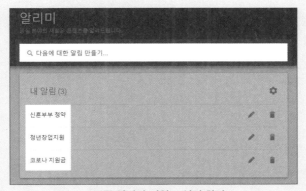

▲ 구글 알리미 키워드 설정 화면

10

사업자 등록 후에는
무엇부터 해야 하나요

홈택스 가입

홈택스는 소득 및 세금과 관련한 자료를 열람하고 온라인
으로 세금 신고를 할 수 있는 국세청 홈페이지예
요. 개인사업자라면 주민등록번호로 가입하는 개
인 계정만 있어도 전반적인 사업 관련 업무를 처
▲ 홈택스 가입
방법
리할 수 있어요.

▲ 홈택스 개인 회원 가입 화면

법인이라면 사업자등록번호로 사업자 계정을 만들어주세요.

계정은 홈택스에서 [회원가입] 클릭, [사업자·세무대리인] 클릭, [사업자등록번호로 회원가입] 메뉴를 통해 만들 수 있어요. 인증을 위해 사업자등록번호로 발급한 공동인증서나 전자세금계산서 발급용 보안카드 중 하나를 미리 준비해주세요.

▲ 홈택스 사업자 회원 가입 화면

TIP 전자세금계산서 보안카드란?

전자세금계산서를 발급하려면 공동인증서나 보안카드 등의 보조 수단이 필요한데 이때 발급 수수료도 내야 하고 주기적으로 갱신해야 하는 공동인증서보다는 세무서에서 무료로 받을 수 있고 갱신 없이 평생 쓸 수 있는 보안카드가 더 편리해요. 사업자등록증을 발급받는 등 세무서에 방문할 일이 있다면 그때 겸사겸사 전자세금계산서 보안카드를 만들어두고 사진을 찍어서 스마트폰이나 클라우드에 저장해두는 것을 추천드려요.

▲ 전자세금계산서 보안카드란?

사업용 계좌 등록

    법인사업자라면 사업용 계좌를 따로 홈택스에 등록할 필요 없이 법인 명의로 계좌와 카드를 개설해 바로 사용하면 돼요. 하지만 개인사업자 중 성실신고확인대상자, 복식부기의무자라면 반드시 사업용 계좌를 등록해야 가산세 등의 불이익을 받지 않고 세금 감면 혜택도 받을 수 있어요.

▲ 사업용 계좌 등록

    성실신고확인대상자나 복식부기의무자 해당 여부는 전년도 매출액, 업종 등을 기준으로 판단하는데 쉽게 생각하면 사업 규모가 크거나 전문서비스업 등에 해당하는 업체는 세금을 신고하고 그 내용을 검증할 때 영세 사업자보다 엄격한 기준이 적용된다고 보면 돼요.

    성실신고확인대상자나 복식부기의무자가 아니라 하더라도 사업용 계좌와 카드를 따로 만들어 홈택스에 등록하는 걸 추천해요. 생활비와 사업 경비를 구분해서 관리하면 장부를 만들어 세금 신고하기도 편하고 만에 하나 세무서에서 소명 요청을 받게 되더라도 지출 내역이 사업과 관련된 것임을 입증하기 쉽거든요.

Q 은행에서 사업자 통장을 만들었는데 사업용 계좌는 또 뭐예요?

A 사업자 통장과 사업용 계좌 등록은 별개예요. 사업자 통장은 사업자등록증을 지참하고 은행에 방문하면 만들 수 있는데 대표자의 이름과 상호명이 오른쪽 이미지와 같이 표기돼요.

사업용 계좌 등록은 홈택스에서 별도로 등록하는 절차이니 은행에서 통장 개설만 해놓았다고 해서 사업용 계좌도 등록했다고 혼동하지 마세요.

▲ 사업자 통장 개설, 끝이 아니다

TIP ▶ 빠른 계좌 조회 서비스란?

대부분의 은행에서는 '빠른 계좌 조회 서비스'를 제공하고 있어요. 빠른 계좌 조회 서비스에 한 번만 계좌 정보를 등록해두면 통장 거래 내역을 쉽게 확인할 수 있고, 각종 경영관리 앱에서 여러 통장 거래 내역을 한눈에 볼 수 있어요. 세금 신고할 때마다 세무대리인에게 자료를 따로 보낼 필요도 없어서 시간이 금보다 귀한 사업자분들이라면 강력하게 추천드려요.

▲ 빠른 계좌 조회 서비스

TIP ▶ 전화번호를 계좌번호로 설정하는 팁

국민은행, 우리은행, 신한은행 등 각 은행에서 '내맘대로 계좌번호' 서비스를 이용하면 고객이 원하는 입금 전용 계좌번호를 사용할 수 있어요. 이때 입금 전용 계좌번호는 10~11자리 숫자로 설정할 수 있기 때문에 휴대폰 번호나 사업장 전화번호로 만들어두면 따로 외울 필요 없어서 편해요. 비슷한 서비스로는 기업은행 등에서 제공하는 '평생맞춤계좌'가 있어요.

- 평생맞춤계좌 예 ┌ 기업은행 계좌번호 02-3667-4243
　　　　　　　　 └ 국민은행 계좌번호 9-3667-4243-59

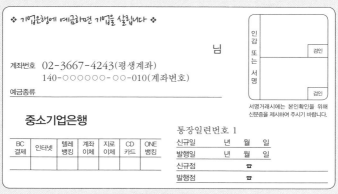

▲ 평생맞춤계좌 서비스 이용 예

TIP ▶ '주식회사' 네 글자가 가져온 비극

법인이라면 상호를 정할 때 주의해야 할 점이 있는데 바로 '주식회사'의 위치예요. 예를 들어 '가나다'라는 법인을 만들 예정이라면 다음과 같이 여덟 가지 방식으로 표기할 수 있어요. '(주)' 또는 '주식회사'의 위치와 띄어쓰기를 눈여겨 봐주세요.

(주)가나다	(주) 가나다
주식회사가나다	주식회사 가나다
가나다주식회사	가나다 주식회사
가나다(주)	가나다 (주)

▲ '주식회사' 위치에 따라 달라지는 상호 표기 방법 예

상호를 쓸 때 '주식회사'를 앞에 쓰든 뒤에 쓰든, 띄어쓰기를 하든 말든 무슨 차이가 있나 싶겠지만 이 사소한 차이로 인해 거래처에 송금할 때 낭패를 볼 수도 있어요. 다음 입금 문자를 살펴볼까요?

[Web발신]
[KB] 08/29 13:06
943214**465
○○회계법인
전자금융입금
22,000,000

▲ 상호명 전체를 확인
할 수 있는 경우

거래 대금이 입금되었을 때 위와 같이 업체명이 여섯 글자 이내이고 띄어쓰기도 없다면 입금 문자나 통장 거래 내역에서 거래처를 확인하는 데 아무런 지장이 없죠. 문제는 업체명이 길어서 잘리는 경우예요.

은행마다 입금자명을 표시하는 글자 수에 제한이 있다 보니 다음 예처럼 거래 대금이 입금될 때마다 전체 업체명을 확인하지 못하는 일이 생겨요.

[Web발신]
[KB] 08/29 11:03
943214**465
주식회사파
전자금융입금
132,000

▲ 상호명이 일부만 표
시되는 경우

때에 따라서는 입금 시각이나 금액을 보고 어느 거래처에서 입금한 금액인지 유추할 수도 있어요. 그러나 같은 글자로 시작하는 거래처가 많고, 내가 판매하는 품목 중 13만 2천 원짜리 상품이 많다면 이야기는 달라져요.

반대로 내 사업장에서 카드로 결제한 소비자(거래처)가 받는 문자에도 아래 이미지처럼 업체명이 잘려서 표기돼요.

> [Web발신]
> 신한카드승인 정*록(4*2*) 07/23
> 14:32 (일시불) 74,000원 주식회사
> 구 누적 1,378,389원

▲ 주식회사 구○○○에서 카드 결제 후 받은 승인 문자 예

그러니 업체명 앞에 '주식회사'를 붙이고 싶다면 신중히 결정하세요. 무심코 '주식회사'를 업체명 앞에 붙였다가 사업 내내 똑같은 질문에 시달려야 할 수도 있어요. "사장님, 혹시 언제 입금하셨나요?" "○월 ○○일 오후 4시쯤 ○○만 원 입금하신 적 있나요?" 등등 말이죠.

Q 해외 거래처에 사업자등록증을 보낼 일이 있는데 영문 사업자등록증도 있나요?

A 영문 사업자등록증은 홈택스에서 발급받을 수 있어요. 참고로 법인이든 개인이든 한글 업체명과 영문 업체명을 나란히 쓸 수도 있으니 사업자등록증에 글로벌한 느낌을 주고 싶다면 영문 병기도 고려해보세요.

▲ 영문 사업자등록증

사업용 신용카드 등록

사업용 계좌와 카드를 따로 관리할 때의 장점은 앞서 사업용 계좌 부분에서 설명해드렸어요. 법인 명의로 만든 카드는 따로 등록하지 않고 써도 자동으로 연동돼요. 그러나 개인사업자라면 사업자 전용 카드 또는 개인 명의 카드를 발급받아도 자

> **TIP** 현금영수증 전용 카드도 발급해두면 좋아요
>
> 사업자는 현금영수증을 발급받을 때 전화번호나 주민등록번호가 아닌 사업자등록번호를 입력해야 절세 혜택을 받을 수 있어요. 현금영수증 전용 카드를 발급해두면 현금영수증을 받을 때마다 사업자등록번호를 입력하는 번거로움이 없어 편리해요.
>
>
> ▲ 현금영수증 전용 카드
>
>
> 지출증빙용 현금영수증 발급해주세요.
> 사업자 등록 번호요?
> 아직 못 외웠는데, 잠시만요.
>
> ▲ 사업자등록번호를 미처 외우지 못했을 때 난처해지는 상황

동으로 사업용으로 연동되지 않아요. 카드를 새로 발급받았거나 분실 또는 유효기간 만료 등으로 갱신했을 때 한 번만 홈택스에 등록해두면 부가가치세 환급이나 소득세 절세를 위해 자료를 반영하기 편해요.

▲ 사업용 신용카드 등록

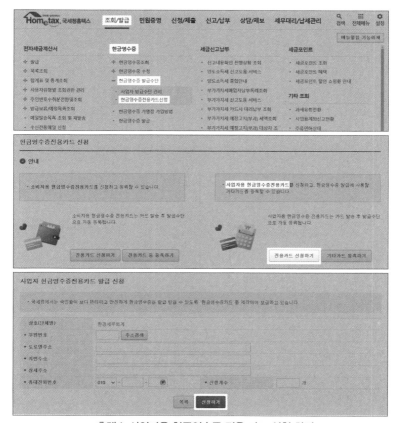

▲ 홈택스 사업자용 현금영수증 전용 카드 신청 화면

현금영수증 가맹

그동안 소비자 입장에서 현금영수증을 받기만 했다면 사업자가 된 지금부터는 소비자나 거래처를 상대로 현금영수증을 발급하게 돼요. 현금영수증 발급을 위해서는 먼저 현금영수증 가맹점에 가입해두어야 해요.

가맹점에 가입할 의무가 있는데도 기한 내에 가입하지 않으면 미가입 기간의 수입금액(매출) 중 일부가 가산세로 부과돼요. 무엇보다도 현금영수증 가맹 대상자가 가맹을 하지 않는 경우 법인세와 종합소득세를 최대 100%까지 절감할 수 있는 중요한 세액 공제나 감면 혜택을 받지 못한다는 점이 가장 큰 불이익이에요.

사업이 잘된다면 몇천만 원 이상의 세금을 감면받을 수 있는데 단순 실수로 놓치면 너무나 억울하겠죠? 사업자 등록을 했다면 가입 대상인지 아닌지 고민하지 말고 현금영수증 가맹점에 가입하는 게 좋아요.

Q 현금영수증 가맹점 가입은 어떻게 해요?

A 현금영수증 가맹 신청은 직접 해도 되고 세무대리인을 통해서 해도 돼요. 저도 새로운 업체와 수임 계약을 맺을 때마다 현금영수증 가맹 여부를 확인하고 가입을 도와드리고 있어요.

▲ 현금영수증 가맹점 가입 방법

Q 현금영수증 가맹점 가입 의무는 어떤 사업자에게 있나요?

개인사업자

- 소비자상대업종이면서 직전 과세기간[1] 수입금액이 2,400만 원 이상인 경우
- 의료업, 수의업, 약사업 또는 변호사업, 법무사업, 공인회계사업, 세무사업 등 특정 업종인 경우
- 그 외 현금영수증 의무 발행 업종인 경우

▲ 현금영수증 가맹점 가입 의무

법인사업자

- 소비자상대업종을 영위하는 모든 법인(수입금액 무관)

Q 현금영수증 가맹점 가입을 꼭 해야 하나요?

A 위의 복잡한 내용은 모두 잊어도 돼요. 가입 의무가 있든 없든

---

1 과세기간: 세금은 일정 기간의 수입이나 소득을 토대로 부과하게 되는데 이때 기준이 되는 기간을 과세기간이라고 한다. 매년 5월에 신고하는 종합소득세는 전년도 1월부터 12월까지의 소득을 기반으로 계산하기 때문에 종합소득세 과세기간은 1월 1일부터 12월 31일까지인 셈이다.

일단 가입하는 것을 추천드려요. 가입해서 손해 볼 일은 없는데 가입 의무 대상 사업자가 가입하지 않는 경우에는 큰 불이익이 있거든요.

최근에는 의무 가입의 범위가 지속적으로 확대되는 추세이기 때문에 사업자 등록 신청과 동시에 미리 가입해두면 좋아요.

창업비 매입세액 공제 신청

사업장 월세, 외주비나 인건비, 각종 집기나 비품 구매 비용 등을 지출할 때는 증빙을 잘 받아두는 것이 중요해요. 부가가치세와 종합소득세, 법인세 절세에 활용할 수 있거든요. 증빙이 없다면 돈을 잃어버리는 것과 같으니 나중에 언제든지 확인할 수 있도록 카드로 구매하거나 세금계산서를 받아두세요.

아직 사업자 등록을 신청하기 전이라서 사업자등록번호가 없을 때는 세금계산서를 발행해주는 담당자에게 주민등록번호와 이메일 주소를 알려주세요. 주민등록번호로 받은 전자세금계산서도 매입세액 공제 신청과 사업 경비 반영에 활용할 수 있어요.

Q 사업자 등록 전에 쓴 돈, 구체적으로 어떻게 사업 경비로 반영하나요?

A 몇 가지 조건만 충족한다면 사업자 등록 전에 지출한 사업 관련 비용도 매입세액 공제 신청에 활용하거나 사업 경비로 반영할 수 있어요. 어떤 조건을 만족하면 되는지 알아볼까요?

• **증빙 챙기기:** 사업과 관련한 비용을 카드로 결제했다면 카드 영수증을 증빙으로 활용할 수 있어요. 계좌이체 등 현금으로 결제했다면 주민등록번호로 전자세금계산서를 받으시고, 종이로 된 수기세금계산서를 받으셨다면 반드시 사진을 찍어두세요.

• **기한 안에 사업자 등록하기:** 과세기간이 끝나는 날로부터 20일 이내에 사업자 등록 신청을 해주세요. 부가가치세 과세기간은 크게 1기

TIP ▶ 자주 쓰는 서류 미리 준비해두기

사업자 통장이나 인허가증 등 사업과 관련한 자료는 언제든지 활용할 수 있도록 사본을 준비해두세요. 스캔해서 스마트폰에 저장해도 좋고, 실물 사본을 여러 장 구비해두셔도 좋아요. 미리 준비해두면 거래처와의 자료 교환도 빨라지고, 지원 사업 등 좋은 기회가 찾아왔을 때 빠르게 접수할 수 있어요.

쓰임이 많아서 미리 구비해두면 좋은 서류

개인 · 법인 공통 서류	• 사업자 등록증, 대표자 신분증 • 임대차 계약서, 사업용 계좌 사본 + 인허가 업종일 경우 관련 서류
법인사업자	• 법인 정관, 주주명부, 법인 등기부등본 • 법인 인감 증명서

사업과 관련해서 주로 업무를 보는 사람이 대표자 본인이 아닌 직원이라면 위임장, 대표자 인감 증명서도 구비해두세요. 법인 등기부등본 및 개인 대표자나 법인의 인감증명서는 발급 후 일정 기간이 지나면 효력을 잃으니 주의하세요.

(1월 1일~6월 30일)와 2기(7월 1일~12월 31일)로 나뉘어요. 따라서 상반기에 지출한 비용이 있다면 7월 20일까지, 하반기에 지출한 비용이 있다면 다음 해 1월 20일까지는 사업자 등록 신청을 해야 해요.

요약 정리

- 전자세금계산서 보안카드를 만들어두면 편하다.
- '내맘대로 계좌번호'와 같은 서비스를 이용하면 전화번호 등 외우기 편한 번호를 계좌번호로 설정할 수 있다.
- 빠른 계좌 조회 서비스, 현금영수증 전용 카드를 이용하면 많은 시간을 절약할 수 있다.
- 사업자등록증, 사업용 계좌 사본 등 자주 쓰는 자료는 언제 어디서나 바로 사용할 수 있도록 준비해두자.

〈사업자등록증 발급받은 뒤 해야 할 일〉
- 홈택스 가입
- 사업용 계좌 등록
- 사업용 신용카드 등록
- 현금영수증 가맹점 가입
- 창업비 매입세액 공제 신청

3부

자리를 잡아가는 중이에요

아는 만큼 줄일 수 있는 것이 세금이에요.

부가가치세의 개념부터 아홉 가지 절세 방법까지!

첫 세금 신고에 걱정부터 앞서는 대표님을 위해 유용한 팁을 모았어요.

11

부가가치세 알아보기

부가세? 부과세? 그게 뭐예요

👤 주변에 사업하는 사람들 이야기를 들어보면 부가세가 많이 나온다는 둥 부담스럽다는 이야기를 하던데 그게 무슨 말인가요?

👤 부가세는 쉽게 말하면 매출의 약 10%에 해당하는 세금인데 일부 사업자를 제외하면 누구나 부가세를 내야 해요.

  사업을 하는 동안 부가가치세는 한 가지만 알면 돼요. 매출의 10%는 비상금처럼 빼두어야 한다는 점이죠. 모든 사업자는 대기업이든, 동네 편의점이든 규모와 관계없이 매출의 약 10%를 부가가치세로 납부해야 하기 때문이에요.

▲ 부가가치세

  다음의 세 가지 유형을 제외한 사업자라면 누구나 매출의 10%를 부가가치세로 내야 해요.

영세율	수출을 통해 외화를 벌어 올 때
면세	교육, 의료, 농축수산물, 기초생활 필수품 등 면세품목을 취급할 때
간이	사업을 갓 시작했거나, 개업한 지 오래되었더라도 사업 규모가 크지 않을 때

자리를 잡아가는 중이에요

Q 간이과세자는 부가세를 아예 안 내나요?

A • 연환산 매출² 4,800만 원 미만 : 부가가치세 신고는 하되 부
   가세를 낼 필요는 없어요.

• 연환산 매출 4,800만 원 이상 : 업종에 따라서 납부할 부가
   세가 달라져요.

예를 들어 가격이 1,100,000원인 과세 상품 또는 서비스를 판매했
을 때 납부할 부가가치세는 다음과 같아요.

부가가치세	업종
100,000원	개인 · 법인 일반과세자 전체 업종
16,500원	소매업 등을 운영하는 간이과세자
22,000원	제조업 등을 운영하는 간이과세자
33,000원	일반 서비스업, 운수업 등을 운영하는 간이과세자
44,000원	임대업 등을 운영하는 간이과세자

일반과세자에 비해 최소 56%에서 최대 83.5%까지 부가가치세를
할인해주는 셈이니 간이과세자의 혜택은 꽤 커요. 하지만 간이과세
자는 매입세액을 환급받지 못하다 보니 일반과세자보다 불리한 경

---

2 연환산 매출: 연환산 매출이란 개업 시기부터 발생한 매출을 1년 치 매출로 환산한 것을 말한다. 예
  를 들어 10월부터 12월까지의 매출이 400만 원이라면 연환산 매출은 1,600만 원이 된다.
  400만 원 x 12개월(1년)/3개월(10월~12월) = 1,600만 원

우가 생길 수도 있어요. 특히나 간이과세자인데 큰 지출이 발생하는 경우라면 세무대리인과 상의하길 권해드려요.

과세 유형에 따른 부가가치세 세율

■ 일반과세자의 부가가치세 세율

업종	세율
모든 업종	10%

■ 간이과세자의 업종별 부가가치율(2021.6.30 이전)

업종	부가가치율
전기 · 가스 · 증기 및 수도사업	5%
소매업, 재생용 재료수집 및 판매업, 음식점업	10%
제조업, 농업 · 임업 및 어업, 숙박업, 운수 및 통신업	20%
건설업, 부동산임대업 및 그 밖의 서비스업	30%

■ 간이과세자의 업종별 부가가치율(2021.7.1 이후)

업종	부가가치율
소매업, 재생용 재료수집 및 판매업, 음식점업	15%
제조업, 농업 · 임업 및 어업, 소화물 전문 운송업	20%
숙박업	25%
건설업, 운수 및 창고업(소화물 전문 운송업은 제외), 정보통신업	30%
금융 및 보험 관련 서비스업, 전문 · 과학 및 기술서비스업(인물사진 및 행사용 영상 촬영업은 제외), 사업시설관리 · 사업지원 및 임대서비스업, 부동산 관련 서비스업, 부동산임대업	40%
그 밖의 서비스업	30%

※ 출처 : 국세청 홈페이지(nts.go.kr)

매출의 10%를 부가세로 내라고요?
그러면 저희는 남는 게 없어요

👤 매출의 10%를 세금으로 내라니 너무 부담스러워요. 조금이라도 줄일 방법이 없을까요?

👤 부가가치세를 조금이라도 줄이거나 환급받으려면 적격증빙을 꼭 확인하세요.

부가가치세를 환급받기 위해서는 한 가지만 알면 돼요. 돈을 냈으면 국세청에서 인정하는 적격증빙을 받아야 한다는 점이

국세청에서 인정하는 적격증빙 종류

적격증빙의 종류	전자	유의사항
세금계산서	자동 수집	수기 증빙을 받았다면 140페이지 '수기 증빙 잘 보관하기'를 참고해주세요.
계산서	자동 수집	
현금영수증	사업자등록번호 입력 시	소득공제용으로 잘못 받았다면 126~127 페이지 질문을 참고해주세요.
카드 결제 내역	사업용신용카드 등록 시	미등록 카드, 타인 명의 카드를 사용했다면 아래 QR 코드를 확인해주세요. ▲ 타인 명의 카드 공제 여부

에요. 왼쪽 표의 네 가지 적격증빙 중 하나를 받지 않는다면 부가가치세를 환급받거나 납부세액을 줄일 수 없다는 점을 기억하세요.

Q 사업용 신용카드를 쓰거나 지출증빙용 현금영수증을 받으면 절세에 도움이 되나요?

A 증빙의 중요성은 아무리 강조해도 지나치지 않아요. 적격증빙의 종류로는 계산서, 세금계산서, 카드 영수증, 현금영수증이 있는데 이런 적격증빙이 있어야 매입세액 공제를 받아서 부가가치세를 환급받거나 납부세액을 줄일 수 있거든요.

사업용 신용카드를 쓰면 세금계산서나 현금영수증을 일일이 챙기지 않아도 돼서 굉장히 편해요. 개인 카드로 결제하더라도 매입세액 공제 및 경비 반영이 가능하지만 사업용 카드를 따로 쓰면 생활비와 구분하는 번거로운 과정이 줄어들죠. 홈택스에 카드를 등록해두면 각각 다른

▲ 사업자등록번호로 발급받은 지출증빙 현금영수증 예

카드사에서 조회할 필요도 없고요. 동업자 카드도 사업용 신용카드로 등록할 수 있어요.

현금영수증은 두 가지 종류가 있기에 발급받을 때 주의해야 해요. 근로자가 연말정산에 반영하려면 소득공제용 현금영수증을 받지만, 사업자가 경비를 인정받으려면 사업자등록번호로 지출증빙용 현금영수증을 받아야 하거든요. 현금영수증의 발급 번호를 보면 사업자등록번호가 제대로 반영되었는지 확인할 수 있어요.

Q 현금영수증을 지출증빙용이 아닌 소득공제용으로 잘못 받았는데 어떡하죠?

A 현금영수증을 잘못 받았더라도 너무 걱정하지 마세요. 사업자등록번호 또는 사업자용 발급 수단으로 등록된 카드 번호로 현금영수증을 받았다면 소득공제용으로 잘못 발급되었더라도 자동으로 지출증빙용으로 반영돼요. 주민등록번호나 소비자 발급 수단으로 등록된 휴대폰 번호 등으로 현금영수증을 받았다면 관할 세무서에 현금영수증 용도 변경을 요청할 수 있어요.

▲현금영수증 용도 변경

하지만 세무서에 정정 요청을 할 때는 거래를 증빙할 수 있는 자료를 구비해야 하는 등 번거로울 수 있으니 애초에 사업자 지출증빙용 현금영수증으로 잘 받는 게 좋아요.

- **홈택스에서 수정하는 방법:** 사업자용 발급 수단으로 등록하지 않은 카드 번호를 이용하여 소득공제용으로 잘못 받았다면 홈택스 로그인 후 [조회/발급]-[현금영수증]-[현금영수증 발급수단]-[사업자 발급수단 관리] 메뉴를 차례대로 클릭한 뒤 현금영수증 발급받을 때 사용한 번호를 등록하면 다음 날 자동으로 지출증빙용으로 변경돼요.
- **세무서 담당자에게 요청하는 방법:** 세무서 현금영수증 담당자와 통화 후 필요 서류를 보내서 수정하는 방법도 있어요. 이때는 현금 거래를 증명할 수 있는 서류 등을 제출해야 할 수 있어요.

  신청서에 정해진 양식은 없지만 잘못 발행된 현금영수증의 정보(발행 날짜, 거래처, 발행 번호, 금액 등) 및 지출증빙용으로 변경하고자 한다는 내용을 쓰면 돼요.

Q 사업 초기라 매출은 없고 인건비만 줄줄이 나가요. 따져보니 손실인데 부가세는 왜 줄지 않나요?

A 생각보다 많은 분이 '돈을 많이 쓰면 부가세를 적게 낸다'고 생각하는데 틀린 말은 아니지만 100% 맞는 말도 아니에요. 이 말이 사실이 되려면 적어도 두 가지 조건은 만족해야 하거든요. 첫째로 지출 목적이 사업과 관련된 내용이어야 하고, 둘째로 국세청에서 인정하는 적격증빙을 받아야 해요.

번 돈보다 쓴 돈이 많더라도 적격증빙을 수취하지 못했거나 부가가치세 공제 대상이 아니라면 부가세 납부세액을 줄이는 데 도움이 되지 않아요. 대표적으로는 면세품목이나 인건비처럼 부가가치세와 관련이 없는 비용 또는 접대비, 해외 지출 경비 등이 있어요. 지출의 대부분이 사업과 무관한 경우에도 공제받을 수 없는 건 마찬가지예요.

만약 용역 회사에 인건비를 지급하고 세금계산서를 받았다면 부가가치세 매입세액 공제를 받을 수 있어요. 그러나 정직원 월급, 3.3% 세금을 공제하는 프리랜서 보수, 일용직 일당 등은 아무리 많이 지급하더라도 부가가치세 납부세액을 줄여주지 않아요. 지급하는 인건비에 부가가치세가 포함되어 있지 않기 때문이죠.

그렇다고 너무 실망하지는 마세요. 인건비나 면세 매입 금액 등은 부가가치세를 줄여주지는 못하지만 사업 목적으로 지출했다면 경비로 반영해서 소득세 절세에 활용할 수 있으니까요.

Q 부가가치세는 언제 신고 · 납부하나요?

A 부가가치세는 법인, 개인(일반), 개인(간이)에 따라 신고와 납부 시기가 달라요.

부가가치세 신고·납부 기간

	1월	2월	3월	4월	5월	6월	7월	8월	9월	10월	11월	12월
법인	★			☆			★			☆		
개인 (일반)	★			☆			★			☆		
개인 (간이)	★						☆					

★ : 잊지 말고 신고·납부해주세요.
☆ : 기본적으로는 신고 또는 납부해야 하지만 매출 규모에 따라 생략될 수도 있어요.

현금 매출도 꼭 신고해야 하나요

👤 손님이 현금으로 지불한 것도 꼭 신고해야 하나요? 신고 안 하면 모르지 않나요?

👤 현금 매출 금액도 신고 대상이에요. 매출을 적게 신고하는 등 실제와 다르게 신고한다면 국세청의 해명 안내문을 받게 될 수 있어요.

부가가치세와 종합소득세, 법인세는 자진신고 항목이기 때문에 매출은 스스로 집계해서 신고해야 해요. 그러다 보니 어떤 사람은 "매출 신고 안 하면 어떻게 되냐, 안 해도 되는 거 아니냐, 부가세 10%뿐 아니라 소득세, 법인세까지 내야 하는데 신고하기 싫다"라고 말씀하기도 해요.

여행 등으로 해외에서 입국할 때 면세 한도 초과분은 자진신고를 하죠? 신고하지 않는 사람들도 있지만 해외에서 사용한 카드 내역이나 해외 현금 인출 내역을 확보한 관세청 직원이 조용히 부르기도 해요. 신고하지 않았다가 적발되면 자진신고했을 때보다 훨씬 더 많은 불이익이 생겨요.

재산을 취득했다면 경제 활동 등을 통해 벌었거나 상속·증여 또는 복권 당첨 등의 과정을 거쳐 얻었거나 둘 중 하나일 텐

▲ 공항 면세점

데, 벌었다는 기록도 없고 얻었다는 신고 내역도 입증하지 못한다면 종합소득세 또는 증여세를 부담하게 돼요. 국세청도 기존에 확보한 자료로 다음 페이지와 같이 자금 출처에 대한 해명 안내문을 주기적으로 발송해요.

최근에는 카드와 계좌이체 보편화 덕분에 현금을 만질 일이 별로 없어요. 일반 소비자에 비해 거래 금액의 단위가 큰 사업자들은 더더욱 현금을 사용하는 일이 없어요. 대부분의 지출은 계좌이체나 카드 결제로 이루어지기 때문에 송금 내역이 남거나 다음 달 카드 청구대금으로 빠져나가죠.

전자상거래업을 하는 사람들은 매출 누락이 불가능하다고 생각해야 해요. 판매자가 매출 금액을 신고하지 않더라도 네이버, 쿠팡 등 판매 플랫폼에서 어떤 판매자에게 얼마씩 정산해 주었는지 주기적으로 국세청에 보고하기 때문이에요.

【상속세 및 증여세 사무처리규정 별지 제13호 서식】(2011. 4. 1. 개정)

NTS

기 관 명

재산 취득 자금출처에 대한 해명자료 제출 안내

문서번호 :　　　-

○ 성명 :　　　　　　　　귀하　　　　○ 생년월일 :

안녕하십니까? 귀댁의 안녕과 화목을 기원합니다.

귀하가 아래의 재산을 취득한 것으로 확인되었으나 귀하의 소득 등으로 보아 자금원천이 확인되지 않는 부분이 있어 이 안내문을 보내드리니 <u>201 . . .까지</u> 아래 재산 명세에 대한 취득자금과 관계된 증빙자료를 제출하여 주시기 바랍니다.

취득한 재산 명세	
제출할 서류	1. 계좌 ○○○○○ 거래 명세서 2. ○○동 ○○번지 취득계약서 사본 등 증빙 3. 취득자금에 대한 금융증빙 4. 기타 해명할 내용
해명 요청 사항	1. 구체적으로 해명사항을 요청함 2. 3.

요청한 자료를 제출하지 않거나 제출한 자료가 불충분할 때에는 사실 확인을 위한 조사를 할 수 있음을 알려드립니다.

년　　월　　일

기 관 장

위 내용과 관련하여 문의 사항이 있을 때에는 담당자에게 연락하시면 친절하게 상담해 드리겠습니다. 성실납세자가 우대받는 사회를 만드는 국세청이 되겠습니다.

◆담당자 : ○○세무서 ○○○과 ○○○ 조사관(전화 :　　　　, 전송 :　　　　)

210㎜×297㎜(신문용지 54g/㎡)

▲ 자금 출처에 대한 국세청 해명자료 제출 안내문 예

국세청고시 제2015 - 6호(2015. 3. 9)

「판매대행 또는 중개를 하는 부가통신사업자가 지켜야 할 사항」고시

「부가가치세법」제74조제1항 및 같은 법 시행령 제119조에 근거하여 「전기통신사업법」제5조에 따른 부가통신사업을 영위하는 사업자(이하 "부가통신사업자"라 한다)가 지켜야 할 사항을 다음과 같이 개정하여 고시합니다.

2015년 3월 9일
국 세 청 장

제1조(목적) 이 고시는 「부가가치세법」제74조, 같은 법 시행령 제119조에 따라 전자상거래 관련 과세자료의 효율적 수집을 위하여 판매대행 또는 중개를 하는 부가통신사업자가 지켜야할 사항을 규정함을 목적으로 한다.

제2조(정의) 이 고시에서 사용하는 용어의 뜻은 다음과 같다.
① "부가통신사업자"란 「전기통신사업법」제5조제4항에 의한 부가통신 역무를 제공하는 사업자를 말한다.
② "통신판매업자"란 「전자상거래 등에서의 소비자보호에 관한 법률」제2조제3호의 자를 말한다.
③ "판매대행"이란 통신판매업자가 재화 등을 공급하는 것(판매)에 대해 부가통신사업자가 대행하는 것을 말한다.
④ "판매중개"란 통신판매업자가 재화 등을 구매자에게 판매할 수 있도록 부가통신사업자가 주선하는 것을 말한다.

제3조(매출세금계산서 등 발급 및 제출방법)
① 판매대행 또는 중개를 하는 부가통신사업자가 통신판매업자에게 「전기통신사업법」제2조제12호에 따른 부가통신역무 등을 제공하는 때에는 세금계산서를 발급하거나 현금영수증 또는 그 밖에 이와 유사한 것(이하 "현금영수증 등"이라 한다)을 발급 하여야 한다.
② 부가통신사업자가 미등록 통신판매업자에게 발급하는 매출세금계산서 등록번호란에는 해당 통신판매업자의 주민등록번호를 기재하여 발급하여야 한다.

자리를 잡아가는 중이에요   137

③ 부가통신사업자가 통신판매업자에게 주민등록번호를 기재하여 발급한 매출세금계산서는 부가가치세 신고시 제출하는 매출처별세금계산서합계표의 "주민등록번호 발급분"란에 기재하여야 한다.

제4조(통신판매업자의 현금영수증 등 발급 대행)

① 통신판매업자가 부가통신사업자가 운영하는 사이버몰을 이용하여 재화 또는 용역을 공급하고 그 대가를 부가통신사업자를 통하여 받는 경우에는 부가통신사업자가 해당 통신판매업자의 명의로 현금영수증을 발급할 수 있다.

② 부가통신사업자가 자신이 운영하는 서버(또는 고객서버) 및 네트워크를 이용하여 쇼핑몰을 구축·임대하거나 이를 유지·보수하는 경우에는 해당 쇼핑몰 운영자가 현금영수증 등 정규영수증을 발급할 수 있도록 전자결제시스템을 제공하여야 한다.

제5조(자료의 보관·관리·제출)

① 판매대행 또는 중개를 하는 부가통신사업자는 통신판매업자별 세금계산서 발급명세 및 신용카드 결제(대행)명세, 현금영수증 발급(대행)명세 등 판매자료를 전자적 방법으로 보관·관리하여야 한다.

② 판매대행 또는 중개를 하는 부가통신사업자는 통신판매업자의 사업자등록번호·성명·주민등록번호(생년월일·성별)·건수·금액·거래연월 등 통신판매업자의 분기별 매출명세를 전자적 방법으로 매분기 종료 다음 달 말일까지「국세청 홈택스 홈페이지(www.hometax.go.kr)」에 있는 "전산매체 제출"을 통해 온라인으로 제출하여야 한다.

③ 부가통신사업자는 온라인 제출시 국세청에서 제공하는 제출형식(Lay-Out)에 따라 제출하여야 하며, 오류발생시 수정하여 정상자료를 제출하여야 한다.

▲ 네이버 스마트스토어, 쿠팡 등 판매 플랫폼이 지켜야 할 사항 고시

판매자가 국세청에 신고한 금액이 플랫폼에서 정산받은 금액과 다르다면 '오픈마켓 등을 통해 통신판매한 자료 해명 안내' 과정을 거쳐서 세금이 부과돼요.

오픈마켓 등을 통해 통신판매한 자료 해명안내

1. 평소 국세행정에 협조하여 주신데 대하여 깊은 감사를 드립니다.
2. 귀하께서 2021년 기분 부가가치세 신고시 매출로 신고한 금액 (신용카드매출 포함)과 오픈마켓 등으로부터 수집한 금액을 비교한 결과, 아래와 같이 과소 신고한 것으로 분석되어 안내문을 보내드리니 **2022년 11월 25일 까지** 해명하여 주시기 바라며, 해명하지 않는 경우에는 아래 자료의 내용이 정당한 것으로 인정되어 과세될 수 있음을 알려드립니다.

- 아 래 -

○ 인적사항

사업자등록번호		상호(법인명)	
주 민 등 록 번 호		성명(대표자)	
사 업 장 소 재 지			
과세유형	간이과세자	업종	전자상거래	개업일		폐업일	

○ 매출신고 및 자료내용

(단위: 천원, 공급가액(간이: 공급대가))

신용카드 등 매출자료(①)					매출 신고금액(②)				
합계	신용카드 매 출	현금영수증 매 출	구매전용 카드매출	기타 (봉사료 제외)	합계	과 세		면 세	
						세금계산서 교 부 분	기 타	계산서 교부분	기 타

○ 과소신고금액 계산

(단위: 천원, 공급가액(간이: 공급대가))

신용카드 등 매출자료(①) (A)	매출 신고금액(②) (B)	과소 신고금액 (A-B)

* (B)는 (세금)계산서 교부분이 제외된 금액임

○ 과소신고금액 계산시 합산된 오픈마켓 등 통신판매 금액

(단위: 천원, 공급가액(간이: 공급대가))

오픈마켓(등) 수	신용카드 등 매출자료				
	합 계	신용카드	현금영수증	구매전용카드	기타금액

* 오픈마켓별 매출내역 조회는 붙임 "명세서" 참조

2022년 11월 8일

세 무 서 (관 인 생 략)

위 내용과 관련하여 문의 사항이 있을 때에는 담당자에게 연락하시면 친절하게 상담해 드리겠습니다.

◆담당자 :　세무서 부가가치세과　조사관 (전화:02- - 　백스:0503- -
　메일주소: @nts.go.kr)

▲ 통신 판매 자료 해명 안내 예

절세의 정석, 세금 줄이는 9단계

🧑 세금 부담이 만만치 않은데 조금이라도 줄일 방법이 없을까요?

🧑 기본적인 사항만 잘 지켜도 세금을 줄일 수 있어요. 아홉 가지 방법을 알려드릴게요.

부가가치세는 종합소득세나 법인세와 달리 특별한 세금 공제 또는 감면 혜택이 없다고 봐도 무방해요. 그렇기 때문에 부가세는 절세가 안 된다고 생각하는 분이 많지만 생각보다 부가세 부담을 줄일 수 있는 방법이 많아요.

지금부터 세금을 줄일 수 있는 아홉 가지 방법을 소개해드릴게요.

① 세금계산서 제때 주고받기

세금계산서는 거래일이 속한 달의 다음 달 10일까지 주고받아야 해요. 상반기 거래분을 7월 25일까지, 하반기 거래분을 다음 해 1월 25일까지 발급한다면 늦게라도 발급한 것으로 보지만, 이 시기마저 놓친다면 발급하지 않은 것으로 보아요. 발급 기한을 놓치면 가산세 등 여러 불이익이 있다는 사실을 명심하세요.

Q **전자세금계산서 발급 방법이 궁금해요.**

A • **홈택스(손택스):** [조회/발급]-[전자세금계산서]-[발급]-[건별발급] 메뉴에서 쉽게 발급할 수 있어요. 발급 건수가 많다면 [일괄발급] 메뉴를 이용하고, 잘못 발급한 세금계산서를 수정할 때는 [수정발급] 메뉴를 이용하면 돼요.

▲ 전자세금계산서 발급 방법

▲ 홈택스 전자세금계산서 발급 메뉴 화면

• **전자세금계산서 발급 앱:** 홈택스 모바일 앱인 손택스 외에도 전자세금계산서를 발급할 수 있는 앱이 많아요. 앱스토어나 구글 플레이스토어에서 마음에 드는 앱을 검색해서 활용해보세요.

• ERP 등 세무 프로그램: 자체적으로 장부를 관리한다면 매입·매출 관리부터 전자세금계산서 발급, 신고서 작성까지 가능한 프로그램을 알아보는 것도 좋아요.

② 현금영수증 제때 발급하기

2부에서는 현금영수증 가맹 의무에 대해 알아봤으니 이제는 현금영수증 발급 의무에 대해 알아볼 차례예요. 자주 언급되는 만큼 중요하니 집중해서 읽어주세요.

현금영수증을 제때 발급하는 것과 아예 발급하지 않는 것에는 아주 큰 차이가 있어요. 개인사업자는 제때 발급하기만 해도 세액공제 혜택을 받을 수 있는데, 발급하지 않는다면 가산세에 과태료까지 부과되거든요. 과태료는 미발급 금액의 20%에 달하기 때문에 100만 원 벌 때마다 20만 원씩 과태료를 내는 무시무시한 경험을 하게 될 수도 있어요.

Q 현금영수증은 상대방이 요청할 때만 발급하면 되나요?

A 현금영수증 발급 의무는 업종에 따라 두 가지 경우로 나뉘어요.

• 소비자상대업종: 소비자가 요청하면 거래 금액이 단 1원이더라도 무조건 현금영수증을 발급해야 해요. 발급하지 않으면 건당 5,000원

이상인 거래에 대해 각 거래 금액의 5%가 가산세로 부과돼요. 발급했다가 소비자 몰래 취소한 경우에도 가산세를 내야 해요.

• **의무발행업종:** 부가가치세를 포함한 거래 금액이 건당 10만 원 이상이라면 소비자가 요청하지 않더라도 무조건 현금영수증을 발급해야 해요. 현금을 받은 날로부터 5일 이내에 발급하지 않으면 미발급 금액의 20%가 가산세로 부과되니 주의하세요. 소비자 인적사항을 모를 때는 국세청 지정 코드(010-000-1234)로 자진 발급하면 돼요.

▲ 가맹점 가입 의무와 발급 의무

참고로 학원, 교습소 같은 업종에서는 학부모들이 다음 해 연말정산 자료를 챙기다가 교육비 현금영수증이 발행되지 않았다는 사실을 뒤늦게 알고 난처해하기도 해요.

Q 현금영수증 발급 방법이 궁금해요

A 매장에 카드 단말기가 있다면 결제와 동시에 현금영수증을 발급할 수 있어요. 현금 거래가 적거나 단말기가 없어서 직접 발급한다면 홈택스 또는 스마트폰 앱을 활용해도 돼요.

▲ 현금영수증 발급 방법

네이버 스마트스토어나 쿠팡 같은 플랫폼에 입점해 판매한다면 현금영수증이 자동 발행되어 신경 쓸 일이 없어요. 하지만 블로그나 카페의 댓글 또는 인스타그램 DM 등을 통해 개별 거래할 때는 자동으로 발행되지 않으니 직접 발행해야 한다는 점 유의하세요.

▲ 현금영수증을 발급할 수 있는 스마트폰 앱

③ 공과금 세금계산서 자동 발행 요청하기

사업장에서 고정적으로 나가는 비용은 미리 세금계산서를 요청해두세요. 대표적으로는 관리비 및 가스요금, 수도요금, 전기요금 등의 공과금이 있고 사업장에서 쓰는 인터넷이나 일반전화, 휴대폰 요금도 증빙을 받아서 경비로 반영할 수 있어요. 공기청정기, 안마의자, 정수기 등 각종 렌탈 서비스 이용료와 같은 정기 결제 금액도 마찬가지예요.

④ 수기 증빙 잘 보관하기

전자세금계산서가 도입된 지도 10년이 넘었지만 아직도 종이 세금계산서나 종이 계산서를 주고받는 경우가 있어요. 수기로 작성한 증빙은 홈택스에서 조회되지도 않고 잃어버릴 가능성이 있으니 받자마자 사진을 찍어두면 좋아요. 거래처가 폐업하면 새로 받을 수도 없는 경우가 대부분이니 잊어버리지 않도록 주의하세요.

▲ 수기 세금계산서 예

⑤ 신용카드매출전표발행 세액공제 신청하기

현금영수증을 발행했거나 카드 매출이 발생했나요? 오프라인, 온라인 관계없이 현금영수증 매출과 신용카드 및 체크카드 매출의 1.3%에 해당하는 금액을 연간 최대 1,000만 원 한도로 돌려드려요. 단, 모든 사업자에게 해당하는 혜택은 아니며 별도 신청이 필요하니 자세한 사항은 세무대리인과 상의해주세요.

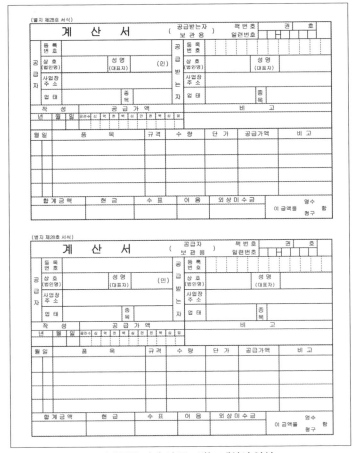

▲ 면세품목 거래 시 주고받는 계산서 양식

⑥ 의제매입세액공제 활용하기

음식점 등을 운영한다면 과세품목 세금계산서가 아닌 면세
품목의 계산서를 받더라도 부가가치세 절세 혜택을 누릴 수 있

어요. 그러니 농축수산물 등의 면세품목을 구매할
때 그냥 지나치지 말고 꼭 계산서를 받아두세요.

▲ 의제매입세액
공제 활용

의제매입세액공제도 모든 사업자에게 해당되지
않고 별도 신청이 필요하니 세무대리인에게 문의해주세요.

계산서는 세금계산서와 거의 동일하지만 면세품목 거래 시
작성하기 때문에 부가가치세 세액을 기재하는 란이 없고 증빙
을 가리키는 명칭에도 '세금'이라는 표현이 들어가지 않아요.

⑦ 대손세액공제 활용하기 (떼인 세금 돌려받기)

매출 세금계산서는 발급했는데 거래처로부터 대금을 받지
못하는 경우도 있어요. 이럴 때는 이미 낸 부가가치세를 대손
세액공제를 통해 돌려받을 수 있어요. 단, 거래처의 부도나 파
산 등 법으로 정해진 경우에만 해당하니 꼭 세무대리인과 상담
해 대손세액공제를 신청하세요.

⑧ 차종 따져보기

사업자 등록 후 차량을 구매했다면 차종에 따라 부가가치세
를 환급받을 수 있어요. 차량 구입이나 렌트 비용뿐 아니라 주
유비나 유지 비용 등에 포함된 부가가치세를 돌려받을 수 있는
경우는 다음과 같아요.

- 9인승 이상 승용차 또는 승합차

- 배기량 1,000cc 이하 경차

- 길이 3.6m 이하, 폭 1.6m 이하 전기차

- 화물 자동차 또는 밴

- 125cc 이하 이륜자동차(오토바이)

▲ 부가세 매입세액 공제 차량

이렇게 조건만 봐서는 부가가치세 매입세액 공제 대상인지 모르겠다고요? 그렇다면 차량이나 오토바이를 구매할 때 자동차 판매 영업사원이나 세무대리인에게 "부가세 환급이 되는 차종인가요?" 하고 물어보는 게 가장 간편하고 정확해요.

화물차(봉고, 포터 등)　　　**경차**(스파크, 레이 등)　　　**승합차**(카니발, 스타렉스 등)

▲ 대표적인 부가세 매입세액 공제 차량

⑨ 제때 신고하기

부가가치세는 기한 안에 신고하지 않으면 무신고 가산세가 부과돼요. 기한후신고를 할 수는 있지만 늦은 날짜만큼 납부불

성실 가산세가 점점 늘어나요. 종합소득세와 법인세도 마찬가지이니 신고 기한을 꼭 지켜주세요. 홈택스나 손택스로 기한 내에 신고하면 1만 원을 추가로 돌려드려요.

Q **세금 낼 돈이 없는데, 부가가치세 신고 안 하면 안 되나요?**

A 당장 세금 낼 여유가 없더라도 신고는 제때 해주세요. 세금은 카드로 납부할 수도 있고 조금씩 나누어 낼 수도 있지만 세금 신고를 아예 안 하면 무신고 가산세까지 추가로 내야 해요. 언젠가는 내야 할 세금이라면 가산세라도 줄이는 것이 현명하겠죠?

▲ 부가가치세
신고

Q **세금을 카드로 낼 수도 있다던데 카드 납부가 유리한가요, 현금 납부가 유리한가요?**

A 세금을 카드로 납부하면 카드 수수료가 발생하고 분할 납부할 경우 할부 수수료가 추가로 발생해요. 현금으로 납부하면 수수료는 없지만 당장 여유가 없어 납부 기한을 지킬 수 없다면 미룬 날짜에 비례해 가산세가 부과돼요.

▲ 다양한 세금
납부 방법

국세 카드 납부 수수료 0.8% + 할부 수수료 약 10% 이상
국세 납부불성실 가산세 : 연 8%(하루에 2.2/10,000)

숫자만 놓고 보면 세금을 늦게 납부하더라도 연 이율 8% 정도의 가산세를 부담하고 현금으로 내는 게 유리하지만, 정부 지원 사업 등의 참여를 위해 국세완납증명서가 필요한 사람은 수수료를 부담하더라도 카드로 납부하는 경우도 있어요. 납부 기한이 지난 후에도 카드로 납부할 수 있으니 상황에 맞게 선택하세요. 참고로 지방세는 카드로 납부하더라도 수수료가 붙지 않아요.

Q 다른 곳은 가짜 경비를 반영해 세금을 줄인대요. 저희 거래처도 매입 자료를 무제한으로 끊어준다고 하던데 돈 주고 사면 안 되나요?

A 가짜 세금계산서를 발행해주고 일정 금액을 대가로 받는 자료상에 대해 들어보셨나요? 약간의 수고비만 준다면 매입 자료를 구할 수 있다니, 어떻게든 세금을 줄이고 싶은 마음에 솔깃할 수도 있는데요. 이렇게 자료상을 통한 허위 매입 자료를 반영해서 세금을 줄이는 일은 명백한 탈세 행위예요.

실제로 거래하지 않고 허위 증빙을 반영한 일이 적발되면 거짓 자료를 판매한 자료상은 물론이고 자료를 구입한 사업주에게도 벌금 또는 징역형의 처벌이 내려질 수 있으니 꼭 알아두세요.

Q 인테리어 업체 사장님이 세금계산서를 요청하지 않으면 부가세 10%를 빼준대요. 세금계산서 안 받고 차라리 10% 현금 할인을 받는 게 낫지 않

한거레 2019.10.01. 네이버뉴스

'거짓 세금계산서 발행' 9개 조직 자료상 동시 세무조사

국세청, 2년간 **자료상** 2천명 이상 고발 국세청은 1일 **거짓**으로 **세금계산서**를 발행
해주는 **자료상** 9개 조직 59명을 대상으로 동시 세무조사를 한다고 밝혔다. **자료...**

국세청, 전국 9개 **자료상** 세무조사 착수...가   뉴시스   2019.10.01.   네이버뉴스
국세청, **거짓 세금계산서** 수수 9개 **자료...**   데일리안   2019.10.01.   네이버뉴스
거짓 세금계산서 판매한 '**자료상**' 9개 조직 세무조사   국제신문   2019.10.01.
국세청, 가짜 **세금계산서** 판 '**자료상**' 9곳...   매일경제   2019.10.01.   네이버뉴스

관련뉴스 31건 전체보기 >

연합뉴스 2014.07.16. 네이버뉴스

국세청, 허위 세금계산서 주고받은 68명 세무조사 착수

국세청은 지난해 **자료상**이나 **거짓세금계산서** 수취자 246명에 대해 세무조사를 벌
여 총 2천503억원의 탈루 세액을 추징하고 231명은 검찰에 고발했다. 국세청에 ...

거짓세금계산서 발급자·수취자 등 68명 ...   노컷뉴스   2014.07.16.   네이버뉴스
국세청, **거짓세금계산서** 수수혐의 68명 세무조사 착수   아주경제   2014.07.16.
국세청, 가짜 **세금계산서** 주고 받은 혐의자...   뉴시스   2014.07.16.   네이버뉴스
'**거짓세금계산서**' 이용한 교묘한 **세금**탈...   조세일보   2014.07.16.   네이버뉴스

관련뉴스 23건 전체보기 >

뉴스1 2022.10.18. 네이버뉴스

370억대 자료상 일망타진, 뒤 봐준 세무공무원도 '구속 기소'

자료상은 실제 물건 판매나 거래 없이 **거짓 세금계산서**를 발행하고 수수료를 챙기
는 사업자를 말한다. D씨는 세무사 사무장 출신으로, 앞서 다른 **자료상** 업체 운영...

▲ 거짓 세금계산서 관련 검색 결과

나요?

A 거래처에 세금계산서나 현금영수증 등 증빙을 요구하면 부가
세 10%를 추가로 달라고 하는 경우가 있어요. 증빙 없이 거래할 경
우 '현금가'에 해주겠다는 거죠.

일반과세자의 경우 어차피 부가세 신고하면 돌려받을 돈인데 지
금 당장 현금 덜 내는 게 낫지 않냐고 생각할 수 있지만 그렇지 않아
요. 증빙이 없으면 부가세는 동일할지 몰라도 법인세나 소득세 신고
할 때 사업 관련 비용으로 반영하기 어렵거든요. 비용이 실제보다 적

게 반영되면 그만큼 세금을 더 내게 돼서 오히려 손해일 수 있어요.

적격증빙을 받지 못한 경우, 거래 사실을 입증하기가 까다로워서 경비로 반영하기 어려워져요. 또한 증빙을 제대로 구비하지 못한 것에 대해 적격증빙 미수취 가산세를 부과하기 때문에 납부세액이 늘어나거나 환급세액이 줄어들어요. 심지어 거래 상대방은 매출 누락 혐의로 세무조사를 받게 될 수 있어서 가급적이면 적격증빙을 수취하는 것이 좋아요.

요약 정리

- 세금계산서 제때 주고받기
- 현금영수증 제때 발급하기
- 공과금 세금계산서 자동 발행 요청하기
- 수기 증빙 잘 보관하기
- 신용카드매출전표발행 세액공제 신청하기
- 의제매입세액공제 활용하기
- 대손세액공제 활용하기
- 차종 따져보기
- 기한 내에 세금 신고하기

TIP ▶ 부가가치세 빨리 환급받는 방법

수출입 거래를 하는 등 영세율을 적용받거나 기계 구입, 공장
설비 증축 등으로 지출이 크다면 조기 환급 제도를 이용해보세
요. 약 15일 안에 빠르게 환급받을 수 있어요.

▲ 부가가치세
조기 환급

12

법인세 종합소득세

저는 세금이 얼마나 나오나요

👤 종합소득세나 법인세가 얼마나 나올지 확인할 방법은 없나요?

🧑 부가가치세와는 달리 종합소득세나 법인세는 소득 구간에 따라 세율이 달라져요. 어떤 구간에 해당하는지, 세금은 어떻게 줄일 수 있는지 확인해보세요.

사업을 하는 동안 법인세와 종합소득세에 관해서는 한 가지만 알면 돼요. "벌어들이고 남은 돈 중 일부를 낸다."

법인과 개인 각각의 세금을 구할 때 적용하는 세율이 달라요. 다음의 종합소득세와 법인세 세율 비교표를 보고 내 소득 구간에 해당하는 세율을 확인해보세요.

종합소득세와 법인세 세율 비교

2023년 예정 기준

소득 구간	종합소득세율	법인세율
~1,400만 원 이하	😁 6%	9% (~2억 원 이하)
1,400만 원 초과~5,000만 원 이하	15%	
5,000만 원 초과~8,800만 원 이하	24%	
8,800만 원 초과~1억 5,000만 원 이하	35%	
1억 5,000만 원 초과~3억 원 이하	38%	19% (2억 원 초과~ 200억 원 이하)
3억 원 초과~5억 원 이하	40%	
5억 원 초과~10억 원 이하	42%	
10억 원 초과~	😩 45%	

※ 2억 원 초과 구간은 비교 생략

같은 금액을 벌었더라도 세율이 낮을수록 세금을 적게 내요. 일반적으로 법인은 개인보다 낮은 세율을 적용받기 때문에 기업을 효율적으로 성장시키는 데는 매우 유리해요. 하지만 개인이 법인의 자금을 자유롭게 사용하려면 몇 가지 규칙을 준수해야 한다는 점을 참고해주세요.

앞서 말씀드린 '벌어들이고 남은 돈'이 어떻게 계산되는지는 다음의 큰 틀을 통해 확인해주세요.

순이익 계산 구조

1. 매출		
− 매출원가		
= 매출총이익	2. 매출총이익	
	− 판매비와 관리비	
	= 영업이익	3. 영업이익
		+ 영업외수익
		− 영업외비용
		= 순이익

예

매출: 소비자에게 판매한 옷값

매출원가: 판매한 옷을 살 때 지불한 값(직접비용)

판매비와 관리비: 사업과 관련이 있긴 하지만 매출·매입과는 직접 관련이 없는 간접비용(예: 본사 전화요금, 본사 사무실 임차료 등)

영업외수익·영업외비용: 매출·매입 외의 활동을 통해 받거나 쓴 돈(예: 정부지원금, 은행 이자수익(이자비용) 또는 환율 차손익 등)

이렇듯 영업활동을 통해 판매한 전체 금액에서 직접 원가와 간접비용을 차감한 뒤, 영업과는 직접 관련이 없지만 예상치 못했던 금액까지 차감하고 나면 얼마가 남았는지 결정되겠죠?

매출에서 직접비용과 간접비용을 빼고, 영업외손익까지 반영한 후 최종적으로 남은 돈을 순이익이라고 하고, 순이익에 대해 세금을 부과하게 돼요.

그래서 법인세와 종합소득세를 줄이려면 지출 내역을 빠짐없이 기재해서 사업 경비를 최대한 반영해야 하고, 공제·감면 혜택을 신청해야 해요. 자세한 내용은 다음에 차근차근 설명해드릴게요.

적격증빙만 잘 받아도 절세의 90%는 성공한 셈이다

절세는 적격증빙을 받는 일에서부터 시작해요. 적격증빙을 잘 받아두면 부가가치세 외에도 법인세나 종합소득세를 신고할 때도 큰 절세 효과를 볼 수 있거든요.

▲ 종합소득세, 법인세 경비

이번에는 부가가치세 매입세액 공제 대상은 아니지만 법인세나 종합소득세 부담을 낮춰주는 주요 지출에 대해 알아볼게요.

① 인건비

인건비에는 부가가치세가 포함되어 있지 않아서 매입세액 공제를 받을 수 없어요. 대신 법인세나 종합소득세 신고 시 경비로 반영할 수 있으니 인건비 신고는 꼭 해야 해요.

② 해외 지출분(해외 출장비, 해외 가맹점에서 결제한 금액 등)

해외에서 사용한 금액도 사업 경비로 반영할 수 있다는 사실 아셨나요? 해외에서 사용한 카드 내역은 홈택스에서 조회되지 않고 카드사 홈페이지에서 조회한 부가세 자료에도 나오지 않아서 사업 경비로 반영하지 못하는 경우가 많아요.

박람회, 컨퍼런스 등 사업과 관련해 해외 출장을 가게 된다면 교통비나 숙박비 등을 경비로 처리할 수 있어요. 사업상 필요한 물건이 있어 아마존이나 알리 익스프레스 등을 통해 해외 직구를 하는 등 해외 가맹점에서 결제한 금액도 마찬가지예요.

인스타그램이나 유튜브 광고비, 포토샵 등의 프로그램 사용료도 해외 가맹점을 통해 결제되는 경우가 있으니 해외 사용 내역을 꼭 확인해서 사업 경비로 반영하세요.

③ 간이영수증

최근에는 없어지는 추세이지만 택배나 퀵 서비스 이용 후에 받는 영수증 등 일부는 아직 간이영수증의 형태로 남아있어요. 모든 거래에 대해 적격증빙을 받을 수 있다면 가장 좋겠지만 부득이한 경우에는 간이영수증이라도 꼭 받아두세요.

④ 접대비, 경조사비 등

접대비는 중소기업 기준으로 1년에 3,600만 원까지 인정돼요. 접대비가 건당 3만 원을 초과할 때는 반드시 적격증빙을 받아야 해요. 경조사비는 청

▲ 접대비, 경조사비

첩장이나 부고장 등의 증빙을 받아두면 되는데 건당 20만 원을 초과한다면 비용으로 반영할 수 없어요. 참고로 접대비라는 명칭의 부정적인 어감 때문에 2024년부터는 '기업업무추진비'라는 이름으로 바뀔 예정이에요.

▲ 접대비 명칭 변경 관련 검색 결과

⑤ "당근이세요?" 개인 중고 거래

사업과 관련된 중고 물품 구매 비용도 경비로 반영할 수 있어요. 만약 상대방이 사업자라면 세금계산서를 받아야겠지만 개인에게서 중고 물품을 구

▲ 중고 거래 금액도 경비일까?

매할 경우에는 상대방 인적사항과 계좌이체 내역을 증빙으로 활용할 수 있어요.

⑥ 재고 기부, 폐기 등

상품이나 제품의 수요가 대폭 줄어들거나 판매 시기를 놓치면 창고에 쌓여가는 재고를 처리해야 하는 순간이 찾아와요. 이때 재고를 기부 또는 폐기했다는 증빙을 남긴다면 경비로 반영할 수 있어요.

단, 기부나 폐기 사실을 객관적으로 증명할 수 있어야 하기에 기부 관련 영수증을 받아두거나 폐기 전문 업체에 의뢰하는 등의 과정을 거쳐야 해요.

▲ 물품 기부를 신청할 수 있는 아름다운가게 홈페이지

직원을 채용하려고 해요

 직원을 채용할 때는 기본적으로 다음의 두 가지를 꼭 기억해주세요.

- 직원의 근로 개시 전에 근로계약서 작성하기
- 근로자 신분증, 통장 사본 받아두기

 근로계약서 작성에 예외란 없어요. 주말에 잠깐 일하는 파트타이머라고 해서 대충 구두 계약으로 넘기지 마세요. 미성년자를 채용한다면 부모님이나 법정후견인 등 친권자의 동의서도 받아두어야 해요.

 근로자가 건강보험 피부양자를 등록하겠다고 하면 가족관계증명서를 받아서 4대보험 취득신고를 할 때 함께 제출하면 돼요.

 외국인을 채용할 때는 근로계약서 작성과 더불어 취업 가능한 범위, 고용 절차 등을 확인해주세

▲ 외국인 채용 관련 안내

요. 비자 종류에 따라 취업 활동을 할 수 없는 경우도 있으니까요.

Q 근로계약서는 어떻게 작성하나요?

A 근로계약서는 정해진 양식이 없지만 임금, 근로 시간, 휴일, 연차, 유급 휴가 등의 내용을 명확히 적어야 해요. 고용노동부에서 제시하는 표준근로계약서를 참고해도 좋아요. 단시간 근로자, 미성년자, 외국인 근로자용 계약서를 작성할 때도 마찬가지예요.

▲ 표준 근로계약서 양식

참고로 사업주가 근로 조건을 근로자와 구두로 합의했다고 하더라도 근로자에게 서면 계약서를 작성해서 전달하지 않으면 500만 원 이하의 벌금 또는 과태료가 부과될 수 있어요. 최근에는 근로자의 권리가 강화되는 추세여서 과거에 비해 사업주가 과태료 처분을 받거나 고용노동부에 출석해서 진술하게 되는 경우가 급증하고 있으니 주의하세요.

Q 직원 월급을 최저임금보다 적게 줘도 되나요?

A 계약서는 법을 이길 수 없어요. 근로계약서 조건이 법으로 정해진 최저시급 기준에 미달되면 효력이 없는 것으로 보아 계약서의 내용보다 근로기준법을 우선 적용해요.

표준근로계약서(기간의 정함이 없는 경우)

_____(이하 "사업주"라 함)과(와) _____(이하 "근로자"라 함)은 다음 과 같이 근로계약을 체결한다.

1. 근로개시일 :   년   월   일부터

2. 근 무 장 소 :

3. 업무의 내용 :

4. 소정근로시간 : __시__분부터 __시__분까지 (휴게시간 : 시 분~ 시   분)

5. 근무일/휴일 : 매주 __일(또는 매일단위)근무, 주휴일 매주 __요일

6. 임 금
   - 월(일, 시간)급 : _____원
   - 상여금 : 있음 (   ) _____원, 없음 (   )
   - 기타급여(제수당 등) : 있음 (   ), 없음 (   )
     · _____원, _____원
     · _____원, _____원
   - 임금지급일 : 매월(매주 또는 매일) _____일(휴일의 경우는 전일 지급)
   - 지급방법 : 근로자에게 직접지급(   ), 근로자 명의 예금통장에 입금(   )

7. 연차유급휴가
   - 연차유급휴가는 근로기준법에서 정하는 바에 따라 부여함

8. 사회보험 적용여부(해당란에 체크)
   ☐ 고용보험 ☐ 산재보험 ☐ 국민연금 ☐ 건강보험

9. 근로계약서 교부
   - 사업주는 근로계약을 체결함과 동시에 본 계약서를 사본하여 근로자의 교부 요구와 관계없이 근로자에게 교부함(근로기준법 제17조 이행)

10. 근로계약, 취업규칙 등의 성실한 이행의무
    - 사업주와 근로자는 각자가 근로계약, 취업규칙, 단체협약을 지키고 성실하게 이행하여여 함

11. 기 타
    - 이 계약에 정함이 없는 사항은 근로기준법령에 의함

                        년   월   일

(사업주) 사업체명 :   (전화 :   )
        주   소 :
        대 표 자 :   (서명)
(근로자) 주   소 :
        연 락 처 :
        성   명 :   (서명)

▲ 표준근로계약서 양식

Q 대표자의 급여는 어떻게 책정해야 하나요?

A • **개인사업자:** 사업으로 번 돈에서 세금만 내고 나면 모두 대표자 몫이에요. 종합소득세 신고만 하면 따로 처리할 것 없이 자유롭게 쓸 수 있어서 편해요.

• **법인사업자:** 임원 급여 규정을 책정해둔 경우 그 규정에 따라 대표자의 급여 수준을 정할 수 있어요. 사업으로 이익이 많이 남아도 대표자 급여를 무보수로 설정할 수 있고, 정책자금을 지원받아 자금 흐름에 여유가 생겼다면 법인에 아직 이익이 없더라도 보수를 책정해서 대표자가 자금을 확보할 수 있어요.

Q 법인 대표자 급여는 얼마가 적당한가요?

A 이 질문에는 정답이 없어요. 사업 초반에는 현금 흐름을 고려해서 한동안 무보수를 유지하다가 매출이 늘어남에 따라 점차 급여를 높게 책정하는 경우도 있고, 이익과는 상관없이 보수를 임의로 책정하는 경우도 있어요.

사업 성장에 조금 더 무게를 두고 싶다면 급여를 비교적 낮게 책정해서 회사의 자금 흐름을 원활하게 만드는 일에 우선순위를 두어도 좋아요. 법인이 잘 성장하면 나중에 매각하기도 수월하기 때문이죠.

Q 법인 대표 급여는 낮을수록 좋다?

A 무보수 또는 과감하게 낮춘 보수가 무조건 좋지만은 않아요. 회사 규모가 아무리 크더라도 대표자 개인의 소득이 입증되지 않으면 대표자가 주택담보대출 또는 전세자금대출 등을 받기 위해 금융기관에서 소득 심사를 받을 때 대출이 거절될 수 있거든요.

갑작스럽게 대표자가 마이너스통장을 개설할 때도 신용 등급과 소득 정보로 심사가 진행되기 때문에 평소에 적정 수준의 보수를 유지하는 것이 나을 수 있어요.

조금 더 현실적인 사례를 들자면 대표의 급여가 너무 적으면 생활비가 부족하다는 이유로 가족간에 갈등이 생기는 경우도 있어요. 이런 일로 사업에 지장을 받는 것보다 차라리 적정 수준의 급여를 책정하고 사업에 집중하는 것이 더 나을 수도 있어요.

가족을 직원으로 고용해도 되나요

가족을 공동대표로 두어 동업할 수 있고 직원으로 고용할 수도 있어요. 일반적인 채용 과정과 크게 다른 점은 없지만 4대보험 가입 조건이 달라지는 등 몇 가지 유의사항을 알아두면 좋아요.

Q **가족을 직원으로 고용할 때 주의할 점이 있나요?**

A 가족은 소위 말하는 특수관계인이기 때문에 4대보험 가입 등 일반적인 근로자를 채용할 때보다 조금 더 신경 써야 해요. 특히 주의해야 할 사항은 다음과 같아요.

- 국민연금, 건강보험 가입 필수
- 인건비 신고 필수
- 근로자 본인 명의 계좌로 급여 이체

가족을 프리랜서 사업소득자로 고용한 것이 아니라면 국민연금, 건강보험은 꼭 가입해주세요. 고용보험과 산재보험은 대표자와 해당 근로자의 관계 및 동거 여부에 따라 가입 대상인지 판단해요.

근로자가 대표자의 배우자라면 고용보험, 산재보험 가입 대상이 아니에요. 그러나 근로자가 대표자의 배우자가 아닌 형제, 자매, 자녀 등 친족이고 대표자와 동거하지 않는다면 고용보험, 산재보험에 가입할 수 있어요. 이때 동거 여부는 주민등록등본 등 서류를 통해 판단한다는 점에 유의하세요.

가족이든 아니든 직원에게 인건비를 지급할 때는 근로자 본인 명의 계좌로 이체하는 것이 좋아요. 현금으로 직접 준다면 인건비 지급 사실을 증명하기 어렵고, 다른 사람 계좌로 이체한다면 차명 계좌를 이용한 탈세 행위에 가담하는 것으로 보일 수 있기 때문이에요.

Q 가족을 고용해도 고용 관련 지원금을 받을 수 있나요?

A 가족을 고용하더라도 일반적인 근로자와 근로 및 급여 조건이 비슷하고 고용보험 및 산재보험에 가입한다면 고용 관련 지원금을 받는 경우가 있어요. 단, 지원금은 관련 정책이 자주 바뀌기 때문에 상세 조건은 담당 기관을 통해 꼭 확인해보세요.

Q 가족을 사업소득자로 고용해서 3.3% 세금 떼고 인건비를 지급해도 돼요?

A 가족을 프리랜서 형태로 고용해서 3.3% 세금을 공제한 뒤 인건비를 지급할 예정이라면 담당 회계사 또는 세무사와 논의하는 것을 권해드려요.

참고로 세금을 줄이려는 목적으로 유령 직원을 두는 일은 명백한 탈세 행위예요. 실제로 근로하지 않은 사람에게 인건비를 지급하는 일, 인건비를 지급한 적이 없는데 허위로 신고하는 일 모두 합법적인 행위가 아니기에 세무조사 시 우선 확인하는 항목 중 하나라는 걸 잊지 마세요.

직원을 채용했는데
4대보험 가입을 꼭 해야 하나요

불과 몇 년 전까지 임금 수준이 높지 않은 몇몇 직종에서는 4대보험에 가입하지 않는 경우가 상당히 많았어요. 근로자 입장에서는 소득세와 4대보험료를 떼고 나면 실수령액이 줄어들기 때문에 가입을 꺼리기도 했고요.

그러나 2016년 이후 최저임금의 급격한 인상이 이뤄지고, 일자리안정자금 등의 제도가 널리 알려지며 단시간근로자나 파트타이머도 4대보험에 가입하는 사례가 많아졌어요. 근로자들도 4대보험 가입의 장점을 알게 되면서 먼저 4대보험 가입을 요청하는 경우가 늘었어요.

그런데 가끔 대표님들이 직원이 4대보험 가입을 원하지 않는다며 어떻게 해야 하는지 물을 때는 다음의 여러 장점을 제시해 근로자가 4대보험 가입을 선택할 수 있도록 권유해요.

〈4대보험 가입 시 근로자가 누릴 수 있는 혜택〉

- 실직 시 실업급여 수급 가능
- 만에 하나 업무 중 다쳤을 경우 산재보상 적용 가능
- 근로자가 청년인 경우 청년내일채움공제로 목돈 마련 가능
- 근로장려금 등 근로자지원금 수급 가능
- 소득 증빙을 통해 신용 점수가 높아져서 금융 거래 가능(마이너스통장 개설 등)
- 금융 거래 기록을 기반으로 근로자 재형저축, 근로자 전세자금, 주택자금 등 신청 가능
- 국민연금 가입으로 노후대비 가능

▲ 근로장려금이란?

설령 직원이 원하지 않아서 4대보험에 가입하지 않았다고 하더라도 근로자가 퇴사 이후에 변심해 4대보험 미가입 사실을 고용노동부에 신고한다면 연차수당, 주휴수당, 퇴직금, 4대보험 미납분, 과태료 등을 사업주가 전부 부담하게 돼요.

　그렇게 되면 위험 부담은 오롯이 사업자의 몫이니 사업주가 근로자의 4대보험료 일부를 부담해야 하더라도 4대보험 가입을 권장해요.

Q 직원 한 명 고용했을 뿐인데 4대보험 폭탄 맞았어요!

A 개인사업자라면 직원 고용과 동시에 대표자도 4대보험에 가입 돼요. 이때 대표자의 급여는 직원의 급여 중 가장 높은 금액 또는 그 이상으로 책정돼요.

근로자가 한 명이고 근로자의 월 급여가 250만 원일 때 사업주가 내야 할 4대보험료가 얼마인지 알아볼게요.

직원이 한 명일 때 근로자와 사업주가 각각 부담해야 할 4대보험료 예

2023년 기준

보험 종류	근로자 보험료		사업주 보험료
	근로자 부담분	사업주 부담분	
국민연금(9%)	112,500원	112,500원	225,000원
건강보험(7.09%)	88,620원	88,620원	177,250원
장기요양보험 (건강보험의 12.81%)	11,350원	11,350원	22,700원
고용보험(1.8%) + 사업주 0.25%	22,500원	22,500원 + 6,250원	–
산재보험(업종별 요율) 도소매 9% 가정	–	22,500원	–
합계	234,970원	688,670원	

표에서 볼 수 있듯이 근로자의 4대보험료는 사업장에서 절반 정도를 부담해야 해요. 따라서 보험료 지출이 얼마나 될지 미리 예상해보는 것이 좋아요.

예를 들어 사업장에 근로자가 한 명이고 근로자의 4대보험 고지 금액이 총 40만 원이라면 그중 약 20만 원은 사업주가 대신 내야 해요. 사업주 본인의 보험료도 40만 원 혹은 그 이상 고지되기 때문에 총 부담금은 60만 원이 넘는 셈이죠.

특히나 사업장 성립신고나 취득신고 등 인건비 관련 신고를 늦게 한 경우라면 첫 달에는 두 달치 보험료를 한꺼번에 내야 해 큰 부담으로 느끼기도 해요. 그래서 사업 초반에는 세금보다 4대보험이 더 무섭다는 대표님들도 많아요.

▲ 4대보험료 계산해보기

Q 직원이 4대보험 가입하면 사업주에게는 어떤 혜택이 있나요?

A **• 두루누리 지원금:** 근로자가 10명 미만인 사업장의 사업주와 근로자는 국민연금 및 고용보험료의 80%까지 지원받을 수 있어요. 근로자의 월급 실수령액이 늘어나고 사업주의 보험료 부담이 줄어드는 효과가 있어요. 근로자와 기업 규모에 따라 지원 한도가 달라지니 자세한 내용은 확인해보세요.

▲ 두루누리 지원금

• 고용유지 지원금: 코로나19로 인한 매출 감소 등 고용 조정이 불가피한 상황에 휴업 또는 휴직 등 고용유지 조치를 한 경우, 근로자에게 지급하는 인건비의 최

▲ 고용유지 지원금

대 3/4까지 지원받을 수 있어요. 지원 금액 및 기간에 제한이 있고, 기업 규모에 따라 지원 한도가 달라지니 자세한 내용은 확인해보세요.

• **그 밖의 각종 고용 창출 · 유지 장려금**

▲ 기타 지원금

• **고용촉진장려금:** 고용부 취업 지원 프로그램을 이수한 구직자 또는 구직 등록 후 1개월 이상 실업 상태인 중증 장애인, 섬 지역 거주자, 가족을 부양해야 하는 여성 등을 채용하여 6개월 이상 고용을 유지하면 1년에 720만 원씩 최대 2년간 고용촉진장려금을 받을 수 있어요.

▲ 고용촉진장려금

• **특별고용촉진장려금:** 직전 1년 이내에 워크넷에 구직 등록을 했거나 고용촉진장려금 지원 대상에 해당하는 근로자를 6개월 이상 고용할 경우, 사업주에게 근로자 1인당 월 최대 100만 원씩 6개월까지 지원해주는 제도예요. 채용 6개월 이후에 고용을 6개월 연장한다면 연간 최대 360만 원을 추가로 지원받을 수 있어요.

▲ 특별고용촉진장려금

• **워라밸일자리장려금:** 소정근로시간 단축제도를 도입하여 가족 돌봄, 근로자 본인의 건강 관리, 학업 등 근로자의 필요에 따라 근

로시간 단축을 허용한 경우, 사업주에게 지급되는 장려금이에요. 근로자 1인당 30만 원의 간접노무비를 지원하는데 근로시간 단축 범위와 기간 등 세부 조건이 있으니 꼭 확인하세요.

▲ 워라밸일자리
장려금

• **청년일자리도약장려금:** 직전 1년간 근로자 5인 이상인 사업장에서 6개월 이상 실업 상태인 청년을 고용한 경우 받을 수 있는 장려금이에요. 6개월 이상 고용 유지 시, 길게는 2년 동안 최대 1,200만 원까지 지원받을 수 있어요. 성장유망업종, 고용위기지역 사업장 등 일부는 근로자가 1인 이상만 돼도 신청할 수 있어요.

▲ 청년일자리도
약장려금

• **고령자계속고용장려금:** 우선지원대상기업, 중견기업에서 정년을 연장 또는 폐지하거나 정년이 된 근로자를 6개월 이내 재고용하는 계속고용제도를 취업규칙으로 정하고 이를 시행한다면 근로자 1인당 분기별로 매월 30만 원씩 최대 2년간 받을 수 있어요. 업종에 따라 우선지원대상기업으로 인정되는 근로자 규모가 다르니 신청 전에 꼭 확인하세요.

▲ 고령자계속고
용장려금

• **고령자고용지원금:** 기업이 고령자를 채용해서 희망 은퇴 연령까지 일할 수 있도록 할 경우 지원받을 수 있어요. 분기별로 증가한 고령 근로자 1인당 30만 원씩 최대 2년간 지원되고, 업종에 따라 우선지원대상기업 및 중견기업으로 인정되는 범위는 다를 수 있어요.

▲ 고령자고용지원금

올해 많이 벌었는데 세금이 걱정됩니다.
경비를 최대한 써야 할까요

"사업 경비를 많이 반영하면 세금을 적게 낼 수 있다길래
계획에 없던 지출을 많이 했더니, 세금은 많이 줄였지만
정작 수중에 남는 돈이 없네요."

▲ 무작정 지출을 늘리는 것이 능사는 아님을 보여주는 예

경비를 많이 반영해서 세금 좀 줄여보겠다고 열심히 돈을 쓰다 보면 가난해져요. 간단한 예를 들어볼게요.

1억 원을 벌었을 때 다른 공제 및 감면이 없다고 가정하면 소득세가 대략 2,000만 원 정도 돼요.

> 1억 원×35%[3] − 1,490만 원 = 2,010만 원

세금을 내고 나면 통장에는 8,000만 원이 남죠. 그런데 만약

---

3 152페이지 '종합소득세와 법인세 세율 비교' 참고

세금 2,000만 원이 너무나도 아깝고 억울해서 경비로 1억 원을 모조리 지출한다면 낼 세금은 없어요.

$$0원 \times 6\% = 0원$$

하지만 통장에 남는 돈도 없어요. 가난과 함께 남은 거라고는 경비 처리를 위해 무리하게 구입한 물건들 정도겠죠.

▲ 자산과 경비의 차이 이해하기

사업에 꼭 필요한 지출이라면 오히려 좋아요. 사업자가 돈을 쓴 만큼 나라에서는 경제 활성화 효과를 보는 셈이니 부가가치세도 환급해주고, 법인세와 종합소득세도 일부 감면해주거든요. 하지만 '세금 내는 데 돈을 쓸 바에야 차라리 경비 처리를 하는 게 낫지 않나' 하는 착시현상에 홀리면 배보다 배꼽이 더 커지는 상황을 마주하게 돼요.

경비 처리는 세금의 10~40% 정도를 줄여주는 할인 쿠폰과도 같아요. 쿠폰 받아서 기분 좋다고 열심히 쓰다 보면 분명히 할인은 받아 일시적으로 기분은 좋을 수 있지만 정작 필요할 때 쓸 자금을 확보하지 못해 곤란해질 수도 있어요.

절세를 위해서 무리하게 경비를 지출하기보다는 사업자를 분할하거나 중소기업을 대상으로 하는 세액 공제·감면 혜택을 잘 활용해보세요.

▲ 세액 공제·감면 혜택

Q 사업체에 여유 자금이 있어서 투자했어요. 주식, 코인, 옵션, 부동산, 자동차 등으로 큰돈이 나갔으니 올해 내야 할 세금은 없겠죠?

A 이 책의 앞 부분을 잘 읽으셨다면 지금쯤 내가 쓴 돈이 어떤 조건을 만족해야 세금에 영향을 주는지 이해가 될 거예요. 기본적으로 지출한 금액이 사업과 관련된 비용이어야 하고, 그중에서도 부가가치세 납부세액에 영향을 미치려면 매입세액 공제 대상이어야 하죠. 그렇다면 사업 자금이 남아서 투자하는 일은 절세에 도움이 될까요?

금액이 크든 작든, 돈을 썼다고 해서 모두 경비로 보지는 않아요. 언젠가 돌려받을 돈이라면 비용이 아니라 자산으로 보거든요. 예를 들면 사무실을 빌릴 때 쓴 임차 보증금이나 은행에 넣어둔 예금은 지출이 아닌 거죠. 소모품을 구입한 돈은 비용이지만 회사 또는 개인 소유로 남을 만한 무언가를 얻고 그 대가로 지불한 돈은 자산으로 봐요. 차량이나 주식을 구입한 경우가 여기에 해당해요.

이렇게 비용으로 볼 수 없는 지출은 아무리 많이 썼다 하더라도 세금을 줄이는 데 아무런 도움이 되지 않아요. 그러니 순수익이 줄어들면 세금도 줄어든다는 단순한 생각으로 고가의 외제차를 구입하는 등의 일은 없어야겠죠.

- 절세의 기본은 적격증빙을 잘 받는 것이다.
- 직원을 채용할 때는 근로계약서를 반드시 작성하고, 근로자 신분증과 통장 사본을 받아두자.
- 개인사업자는 사업으로 벌고 남은 돈을 자유롭게 쓸 수 있다. 법인사업자의 대표자 급여는 임원 급여 규정 및 다양한 상황을 고려해서 책정할 수 있다.
- 가족을 직원으로 고용할 때는 4대보험 가입 등에 더욱 유의하자. 가족을 프리랜서로 고용하고 싶다면 회계사나 세무사와 논의하는 것이 좋다.
- 근로자 4대보험 가입 시 다양한 이점이 있다. 그러나 사업주가 근로자의 보험료 일부를 부담해야 한다는 점을 알아두자.
- 세금 줄이겠다고 무리하게 지출하다가는 본전도 못 찾는다.

Q. 일반적인 법인사업자, 개인사업자의 비용 및 수익 규모는 어느 정도일까요?

2021년에 법인세 또는 종합소득세를 신고한 업체를 기준으로 보면 법인사업자와 개인사업자의 비용 및 수익 규모는 아래와 같아요.

	법인사업자 (금융, 보험, 증권업 제외)	개인사업자
판매비와 관리비	약 862조 5,482억 원	약 253조 4,492억 원
영업외수익	약 202조 6,012억 원	약 10조 7,118억 원
영업외비용	약 215조 4,761억 원	약 15조 4,865억 원
법인세비용	약 47조 2,188억 원	–

4부

혹시 모르니 알아둬요

자영업자도 조금만 시야를 넓히면 창업부터 폐업까지

다양한 지원을 받을 수 있어요.

대표님의 짐을 덜어줄 다양한 제도를 알려드릴게요.

13

자영업자에게
힘이 되어 줄 각종 제도

아는 만큼 보이는 혜택

👤 자영업자인데 아는 게 없어 막막합니다. 도움되는 혜택이 없을까요?

👤 혼자라는 생각은 그만! 조금만 부지런히 찾아보면 숨은 혜택이 보여요.

자영업자는 사업을 운영하는 것만으로도 벅차다는 이유로 유용한 제도를 모른 채 지나가는 경우가 많아요. 혼자 사업하는 대표님들께 힘이 되어 줄 정보를 콕 집어드릴게요.

노란우산공제

개인사업자 자영업자의 퇴직금이자 마지막 안전장치, 노란우산공제!

자영업자에게 노란우산공제는 일종의 퇴직금과도 같아요. 공제부금을 납입하면 종합소득세 신고 시 소득공제 혜택과 납입금의 일정 한도 안에서 대출도 가능해요. 단, 임의 해약 등 중도 해지 시에는 폐업이나 가입자 사망, 법인 해산 등 정해진 사유로 지급받을 때보다 적은 금액을 수령하는 등 불이익이 있으니 유의하세요.

▲ 노란우산공제

1인 사업장 고용보험

내 사업장의 안정성은 나조차도 확신할 수 없다. 대표자인 내가 실직하면 실업급여를 받을 수 있을까?

법인사업자든 개인사업자든 대표자는 원칙적으로 고용보험, 산재보험 가입이 불가능해요. 하지만 특정 자격 조건을 만족하는 개인사업자나 등기임원은 예외적으로 가입할 수 있어요.

자영업자가 고용보험에 가입한다면 직업능력개발사업 지원을 받을 수 있고, 최소 1년간 고용보험료를 납부한 뒤 불가피한 사유로 폐업할 경우에는 실업급여 혜택을 받을 수 있어요.

▲ 1인 사업장 고용보험

1인 사업장 산재보험

내 몸이 재산! 재산상 손괴에 대비하자

"회사 대표가 자기 사업장에서 일하다 다치면 병원비 경비 처리도 안 된다던데, 그게 사실인가요?" 업무 중 다친 근로자는 산재 처리가 되지만 대표자는 어떨까요? 최근에는 1인 자영업자가 늘어나다 보니 자영업자의 고용보험 및 산재보험 가입을 독려하는 추세예요. 자영업자도 임의가입을 통해 산재보험 혜택을 받을 수 있으니 꼭 확인하세요.

비즈니스 지원단 현장 클리닉

도와줘요, 비즈니스 지원단!

비즈니스 지원단에 대해 들어보셨나요? 중소벤처기업부에서는 중소기업 및 예비 창업자를 대상으로 변호사, 회계사, 노무사, 세무사, 관세사, 경영기술 지도사 등 각 분야의 전문가 상담을 제공해요. 또한 필요에 따라 사업장에 방문해 기업의 애로사항을 해결해주는 현장 클리닉 프로그램을 운영하고 있어요. 비즈니스 지원단은 추석을 지나면 예산이 소진되는 편이라 필요하다면 가급적 상반기에 이용해보세요.

▲ 비즈니스 지원단 현장 클리닉

사업정리컨설팅

사업이 꼭 잘된다는 보장은 없다. 혹시 모를 상황에 대비하자

이미 폐업했거나 폐업 예정 중인 소상공인을 대상으로 세무, 부동산, 직무·직능, 재기 전략, 심리 상담의 다섯 가지 분야에 대해 전문가 1:1 컨설팅을 제공해요.

자영업자가 폐업 후 취업에 성공한다면 최대 100만 원의 전직 장려 수당도 추가로 받을 수 있어요. 이 역시 4분기에는 예산이 소진되는 경우가 있으니 폐업을 고민하고 있다면 미리 신청해두길 권장드려요.

▲ 사업정리컨설팅

요약 정리

〈사업자의 든든한 낙하산이 되어 줄 팁〉

- 노란우산공제는 자영업자의 퇴직연금과도 같다.
- 1인 사업자도 조건만 맞으면 고용보험, 산재보험에 가입할 수 있다.
- 사업이 어려워지면 비즈니스 지원단 현장 클리닉에 도움을 요청해보자.
- 부득이하게 폐업하더라도 사업정리컨설팅을 통해 도움을 받을 수 있다.

Q. 우리나라에 장수 기업은 몇이나 될까요?

지역을 대표하는 브랜드나 기업이 있는가 하면 생긴 지 얼마 되지도 않았는데 임대 연락처가 붙는 가게도 종종 보이죠. 2021년 말 기준으로 사업자 통계를 내어 보니 창업 후 10년 미만인 사업자는 총 667만여 명으로 전체의 약 73%를 차지했어요. 반면에 30년 이상 사업을 이어가고 있는 경우는 전체의 약 2%에 그치는 수준이었어요.

	10년 미만	10년 이상 20년 미만	20년 이상 30년 미만	30년 이상
법인사업자	830,182명	222,526명	100,541명	24,700명
개인사업자	5,845,331명	1,479,963명	584,113명	119,303명
총	6,675,513명 (약 73%)	1,702,489명 (약 18%)	684,654명 (약 7%)	144,003명 (약 2%)

Q. 2021년에 가장 폐업을 많이 한 업종은 무엇일까요?

법인사업자 중에서는 서비스업 폐업 사업자가 19,236명으로 전체 중 약 30%를 차지했어요. 개인사업자는 과세유형에 따라 비중이 달랐는데, 일반과세자와 면세사업자 중에서는 부동산임대업의 폐업이 가장 많은 비중을 차지했고 간이 사업자 중에서는 소매업 폐업이 전체 폐업자 수의 절반 가량을 차지하며 압도적으로 높은 비중을 보였어요.

Q. 2021년에 가장 폐업을 많이 한 지역은 어디일까요?

법인사업자의 폐업은 약 30%가 서울에서 이루어졌고 나머지 중 약 27%는 경기권에서 이루어졌어요. 같은 해 폐업한 개인사업자 중 약 28%는 경기권에 위치해 있었고, 나머지 중 약 20%는 서울권에서 폐업한 사업자였어요.

14

세무대리인을 쓸까요, 말까요? 직접 신고하면 안 될까요

세무대리인이 꼭 필요한가요

👤 굳이 세무대리인을 써야 할지 잘 모르겠어요. 혼자 관리하기가 많이 어려울까요?

👤 세무대리인에게 의뢰할지 말지는 대표님께 달려 있어요. 장단점을 잘 비교해보세요.

　세무대리인이란 나를 대신해 세금 신고를 해줄 회계사와 세무사를 뜻해요. 사업 초반에 매출이 없거나 규모가 작을 때는 주변 지인이나 가까운 세무서의 공무원에게 도움을 받아 세금 신고를 하기도 해요. 그러나 세금 신고를 하지 않는 경우도 의외로 많은데 이유는 다양해요. 적자인데 신고할 게 없지 않느냐, 바쁘다, 신고 기간을 몰랐다 등등.

　회계나 세무 지식이 있다면 직접 장부를 작성하거나 주변의 도움을 얻어서 홈택스 또는 손택스를 통해 세금을 신고해도 돼요. 매출이 크지 않다면 엑셀이나 구글 스프레드 시트로 장부를 직접 정리하는 경우도 있고, 여러 앱이나 프로그램으로 장부를 작성하고 세금 신고를 하더라도 적법하게 인정받을 수도 있어요.

간편장부 참고 양식은 국세청 홈페이지에서도 확인할 수 있어요.

그럼에도 불구하고 세무대리인에게 세금 신고를 의뢰하는 이유는 대부분 다음과 같아요.

하나, 세제 혜택을 받기 위해

정부에서는 청년 창업을 장려하거나 특정 고부가가치 업종 또는 지역 경제의 활성화를 위해 다양한 세제 지원 혜택을 마련하고 있어요. 이런 혜택은 경우에 따라 지역, 나이, 업종 등의 조건을 만족해야 하고, 특정 신고 기간에 별도의 서식을 통해 신청해야만 받을 수 있죠.

세무대리인의 도움 없이 직접 신고하는 경우에는 다양한 세제 혜택을 놓치기 쉬워서 사업에 활용할 자금을 엉뚱하게 세금으로 납부하는 경우가 많아요. 시간이 지난 뒤 다른 세무대리 인에게 경정청구를 의뢰해서 돌려받기도 하지만 때를 놓치면 영원히 돌려받지 못하는 세금도 아주 많아요.

둘, 사업에 집중하기 위해

규모가 작은 사업 초기부터 직접 장부를 정리해서 신고할 수 있어요. 그러나 우리는 밥을 할 줄 알아도 식당에 가고, 가위 질을 할 수 있어도 헤어샵에 가서 매무새를 다듬죠. 간혹 아플 때가 있다고 해서 의대에 진학하거나 의료 지식을 배우기보다 는 병원에서 의사의 처방을 받으며 어쩌다 한 번 등기 또는 소 송 업무가 있다고 해서 법대에 진학하거나 등기촉탁실무를 배 우기보다는 변호사나 법무사에게 업무를 의뢰하지요. 그건 저 도 마찬가지예요.

장부를 정리할 시간에 전문가에게 업무를 의뢰하고 대표님 만이 할 수 있는 본업에 집중한다면 사업에 날개를 달 수 있어 요. 시간을 아낀 만큼 서비스 런칭 시기를 앞당길 수도 있고, 투 자를 빨리 유치할 수도 있고, 단시간에 거래처를 확보해서 빠 르게 매출 상승을 이룰 수도 있겠죠.

셋, 비용 절감을 위해

대표님께서 직접 장부를 정리하다가 경리 직원을 채용하는 경우도 있어요. 인건비나 기타 비용을 고려했을 때 과연 얼마나 효율적인 선택일까요?

예를 들어 경리 직원 한 명이 매우 쉽게 채용이 되었다고 가정하고 비용이 얼마나 발생할지 예상해볼게요.

2,010,580원	= 월 급여 인건비
200,000원	≒ 식사를 제공했다면(월 영업일 20일, 하루 식대 1만 원 기준)
200,000원	≒ 월 회사부담분 4대보험(업종에 따라 다름)
167,548원	≒ 퇴직금(1년 불입분 월 환산)
76,960원	≒ 연차수당(최초 입사 1년차 기준, 연차 미사용으로 매월 금전 지급 시)

아직 본격적으로 장부를 쓰기도 전인데 직원을 채용하자마자 월 270만 원씩 흘리고 있어요. 여기서 끝이 아니죠. 직원을 채용했으니 사무실 공간도 그만큼 조금 더 필요할 거고, 책상부터 PC, 모니터, 윈도우, 오피스, 한글 등 사무 프로그램, 사무용품 등을 추가로 사야겠죠. 커피값이나 간식비가 추가로 들어갈 수도 있어요. 여기까지는 감당할 준비가 되셨다고요?

눈치채셨는지 모르겠지만 위 금액은 2023년부터 적용하는 최저임금이에요. 최저임금을 받으며 일할 직원은 아직 업무가 숙달되지 않았을 가능성이 매우 높아요. 게다가 이 직원이 계속 다닌다는 보장도 없어요.

설령 직원의 장기근속 의지까지는 확보했다 하더라도 숙련되지 않은 직원의 결과물이 대표님 마음에 들지 않을 확률도 매우 높아요. 그리고 직원이 모든 임직원의 급여 정보나 회사의 주요 매출 구조, 거래처, 원가 등을 알게 된다는 사실을 불편해하는 사람들도 있죠. 요즘은 퇴사한 근로자가 익명으로 회사 이야기를 공유하는 커뮤니티도 많은데 심한 경우에는 내부 정보를 폭로하기도 하니까요. 이런 이유로 직원을 채용하는 것보다 매월 세무대리인에게 일정 수수료를 지불하는 편이 오히려 훨씬 저렴하고 효율적이라고 생각하는 사람도 많아요.

아직 초기라 매출이 거의 없어요.
꼭 세무대리인을 써야 할까요

세무 신고 대행 업무를 의뢰했더라도 매출과 매입이 거의 없는 기간이 오래 지속된다면 세무대리인 쪽에서 계약 해지를 권할 때가 있어요. 장부를 작성하거나 신고할 내용이 없으니까요.

그러나 사업 초기 인테리어 비용 등 지출이 많다면 당장은 매출이 적더라도 향후 사업이 궤도에 올랐을 때 발생할 세금을 줄이기 위해 세무대리인을 선임하는 것이 압도적으로 유리한 경우가 있으니 꼭 세무대리인과 상담하길 추천드려요.

무엇보다도 정부나 지자체 등의 지원금을 받으려면 기본적으로 세금 신고를 꼭 해야 한다는 점을 기억하세요. 각종 지원금 수급 자격은 국세청에 전송된 자료를 토대로 판단하니까요.

코로나19 손실보전금 사태 --------------------------------------

    코로나19가 발생한 이후, 영업 제한 등의 여파로 고생한 사업자가 한둘이 아니에요. 수익을 내기는커녕 빚만 지고 폐업의 고배를 마신 경우도 많죠. 잘 찾아보면 정부 지원금은 종류도 많고 금액도 적지 않은데 왜 어떤 사람은 지원금을 받고 어떤 사람은 사업을 접어야 했을까요? 답은 세금 신고에 있어요.

    지원금 신청 및 수급 자격은 대부분 매출이 얼마나 감소했는지를 기준으로 판단해요. 즉, 평소에 세금 신고를 제대로 했다면 신속보상 대상에 포함되어 몇천만 원의 지원금을 받을 수 있었다는 뜻이에요. 그러나 부가가치세 신고조차 하지 않은 사업자는 1,000만 원 이상의 손실보전금, 방역지원금, 재난지원금 등의 혜택을 전혀 받을 수 없었어요.

    뒤늦게 이를 알고 기한후신고를 한 사업자도 많지만 지원금 수급 자격은 얻었다 해도 가산세를 피할 수는 없었어요. 결과적으로는 혜택을 일부만 누린 셈이죠.

👥 동아일보 PiCK 📖 A5면 1단 | 2022.05.31. | 네이버뉴스

손실보전금 신청 첫날, 96만명이 6조원 받았다

이날 오후 6시를 **기준**으로 신청자의 약 90%인 96만4096명이 총 5조9535억 원을 지급받은 것으로 잠정... 지급한다." ―**손실보전금** 신청 시 **매출액** 감소를 따로 증...

| 지급 대상·**기준**은? 폐업자도 받을 ... | 세계일보 PiCK | 2022.05.31. | 네이버뉴스
손실보전금 신청, 오늘은 사업자번호 홀... | 중앙일보 | 2022.05.31. | 네이버뉴스
[생활잡학]'알아야 챙긴다' 비슷한... | 이대일리 PiCK | 2022.05.31. | 네이버뉴스

🕐 조세일보 PiCK | 2022.05.30. | 네이버뉴스

소상공인 **손실보전금** 오늘부터 신청...누가 얼마나 받나

분류돼 **손실보전금**을 최소 700만원 이상 지원받는다. 매출 감소 여부는 연간 또는 반기별 **부가세 신고 매출액**을 **기준**으로 판단한다. 2019년 대비 2020년 또는 202...

| **손실보전금** 오후부터 지급...내일까지 '홀짝제',... | SBS | 2022.05.30. | 네이버뉴스
[Q&A] **손실보전금** 오후부터 지급... | 연합뉴스 PiCK | 2022.05.30. | 네이버뉴스

J 중앙일보 PiCK | 2022.06.05. | 네이버뉴스

방역지원금 받았는데 이번엔 왜...이 자료에 **손실보전금** 갈렸다 [...

하지만 **손실보전금**은 매출 감소 **기준**을 더 세분화했다. 2019년 대비 2020년 또는 지난해, 2020년 대비 지난해 연간 또는 반기별 **부가세 신고 매출액**을 **기준**으로 ...

| **손실보전금** 331만7천개사에 20조 넘게 지급...신... | 아시아투데이 | 2022.06.05.

▲ '손실보전금 부가가치세 신고 매출금액' 검색 결과

세금 관련 업무를 직접 관리할 때
유의할 점이 있나요

    아직 사업 규모가 크지 않아서 세금 관련 업무를 직접 관리하기로 했다면 사업자 유형에 맞는 주요 세무 일정을 알아두세요.

▲ 연간 세무 일정

사업자 유형별 세무 일정

신고유형	법인	개인
부가가치세 신고 · 납부	1월, 4월, 7월, 10월	1월, 7월
사업장현황신고	2월	
법인세 신고 · 납부	3월	–
종합소득세 신고 · 납부	–	5월
성실신고확인	–	6월
연말정산	1~2월	1~2월
비고		간이과세자는 일부 제외

TIP ▶ 휴대폰으로 세무 일정 알림 받기

사업체를 혼자 운영할 때는 직접 신고를 하다가도 직원을 채용하면 원천세 신고, 4대보험 취득 및 상실, 급여대장 또는 급여명세서 작성, 지급명세서 제출, 보수총액신고 등 다양한 의무가 생겨요. 인건비와 관련된 신고는 기한 내에 하지 않을 경우 과태료 등이 발생하기도 하니 노무사 및 회계사, 세무사와 상의하길 추천해요.

▲ 세무 일정 연동

Q. 듣기만 해도 오금이 저리는 세무조사! 한 번 나오면 얼마나 추징될까요?

2021년 조사 실적 통계에 따르면 세무조사 한 건당 개인사업자는 평균 약 1억 9,500만 원씩, 법인사업자는 평균 약 9억 8,000만 원씩 추징됐어요. 세무조사를 통해 2011년부터 10년간 개인에게는 약 7,944억 원의 세금이 부과됐고 법인에게는 약 3조 9,863억 원의 세금이 부과됐어요.

Q. 상속세 및 증여세 세무조사 규모는 어느 정도일까요?

상속이나 증여 자체의 규모가 적지 않다 보니 세무조사에 따라 부과되는 세금도 만만치 않아요. 통계에 따르면 2021년 한 해에 세무조사를 받아 부과된 세금은 상속세가 약 9,888억 원이고 증여세가 약 1,235억 원이라고 해요. 세무조사 한 건당 부과된 금액만 봐도 상속세가 약 9,800만 원, 증여세가 약 4억 5,571만 원이니 무시할 수 없겠죠?

Q. 그렇다면 양도세 세무조사 규모는 어느 정도일까요?

양도세는 2021년 한 해 동안 약 2,557억 원이 세무조사를 통해 부과됐고, 세무조사 1건당 부과된 세금은 약 6,700만 원이에요.

15

저는 어떤 회계사, 세무사와 잘 맞을까요

세무대리인은 어떤 기준으로
선택해야 하나요

👤 세무대리인을 선택할 때 위치나 가격만 보고 고르자니 왠지 찜찜해요. 좋은 세무대리인의 조건이 있나요? 어떻게 골라야 할까요?

👤 세무대리인을 찾을 때 고려할 점이 많아 고민될 거예요. 참고할 만한 내용을 알려드릴게요.

    세무대리인을 찾으려면 사업장 근처 세무사 사무실에 가볍게 들러 계약하는 경우도 있고, 지인을 통해 소개받아 계약하는 경우도 있어요. 세무대리인을 찾는 방법이야 다양하지만 가장 만족도가 높은 경우는 상담 시 말이 통하는, 업종 이해도가 높은 경우라고 생각해요. 실제로 클라이언트 사무실을 방문했을 때 같은 건물에도 세무사 사무실이 여럿 있는 경우가 많아요. 심지어 같은 층에 세무대리인이 있는 경우도 왕왕 있고요. 그럴 때마다 "가까운 곳에 세무사 사무실이 이렇게 많은데 왜 저희한테 연락하게 되셨어요?" 하고 여쭤보면 기존 세무대리인보다 업종을 잘 이해하는 곳으로 옮기고 싶었다고 하는 경우가 대부분이에요. 업종 이해도가 낮으면 상호 간 비극일 수 있으니 충분히 상담해보고 계약하길 추천드려요.

Q 무료로 제가 있는 곳까지 상담하러 방문하기도 하던데 괜찮을까요?

A 실력 있는 의사는 공짜로 왕진을 다니지 않을 거예요. 변호사도 마찬가지이고요. 단순 문의라면 인터넷 무료 상담으로 해결할 수 있겠지만 기장 계약을 맺으면 개인 정보를 포함해서 전반적인 사업 관련 자료를 세무대리인에게 맡겨야 하는 만큼 신중하게 선택해야 해요. 이때 상담료가 발생하더라도 너무 걱정하지 마세요. 상담이 기장 대리 계약으로 이어질 경우 대부분은 상담료를 돌려드려요.

세무대리인을 알아볼 때의 작은 팁

① 전문 분야와 업무 범위를 확인해보세요

치과 의사에게 심장 진료를 받으면 적절한 처방을 받기 어렵겠죠? 의료계와 법조계뿐 아니라 세무 분야도 마찬가지예요.

세법이 워낙 방대해서 모든 분야의 전문가가 되기는 현실적으로 어렵다 보니 회계사나 세무사마다 각자의 전문 분야가 있어요. 1차적으로는 기장대리(사업자의 업종별 세금 신고 대행) 또는 재산세제(상속, 증여, 양도)로 구분돼요.

또한 사무실마다 제공하는 업무 범위도 조금씩 차이가 날 수 있어요. 기본적으로는 세금 신고를 대행하지만 그 외 어떤 업무를 도와주는지 미리 확인할 수 있다면 세무대리인을 선택하는 데 도움이 될 거예요.

② 소통 방식과 자료 전송 방식을 확인해보세요

전화, 팩스, 방문 정도로만 한정되었던 자료 전달 및 소통 방식이 최근에는 이메일, 카톡, 협업툴 등으로 점차 다양해지고

세무대리인이 제공하는 서비스 범위 예

	신고대리	기장대리
부가가치세/종합소득세/법인세 신고	○	○
카카오톡, 이메일 상담	○	○
온라인, 오프라인 신용카드 결제	○	○
데이터 암호화	○	○
정기 세무조사 선정 예외 신청	–	○
일자리안정자금, 두루누리 신청	–	○
인건비신고, 급여대장작성	–	○
연말정산(10인 초과시 초과인원당 1만원)	–	○
4대보험 취득, 상실, 정산신고	–	○
보수총액신고, 근로내역확인신고	–	○
관공서/금융기관제출용 민원증명발급	–	○
메타게이트 자료전송 지원	–	○
전화, 카톡, 원격지원 우선 대응	–	○

있어요. 가장 좋은 방식을 꼽기는 어려워도 선호하는 방식은 있을 텐데 상호 간 분쟁을 예방하기 위해 가급적이면 근거가 남는 자료 전달 방식을 추천드려요.

예전에는 자료를 출력하는 것이 일반적이었고, 카드 영수증 등 실물 자료는 박스에 담아두었다가 방문 수거를 해서 다시 일일이 입력하는 세무대리인이 꽤 많았어요. 그러나 코로나19 이후에는 방문이나 전화를 꺼리는 대표님의 비중이 늘고 있어요. 전에는 방문을 선호했더라도 길고 긴 코로나19 시기를 겪으며 메일이나 카톡, 협업툴의 편리함을 인식한 것 같아요. 온라인으로 자료를 확보해두면 세무대리인이나 대표님 사업체의 업무 담당자가 바뀌더라도 인수인계 절차가 간편해지니까요.

③ 업무 담당자가 한 명인지도 확인해보세요

은행에 가면 담당자가 있어요. 아직까지는 없을지라도 기업 계좌를 개설한다면 기업 담당자가 반드시 생겨요. 대표님 사업장의 금융 업무는 대부분 은행 담당자가 처리해주겠지만 담당자가 휴가를 가거나 아예 다른 지점으로 발령이 나기도 해요. 그럴 때마다 급한 업무를 처리할 수 없어 며칠을 기다려야 하거나 처음부터 설명해야 한다면 매우 불편하겠죠? 세무대리 업무도 마찬가지예요.

세무대리인을 바꾸고 싶다며 찾아오는 사람들에게 그 이유를 여쭤보면 담당자가 바뀌었는데 우리 회사에 대한 이해도가 낮아 처음부터 다시 설명해야 하는 게 너무 불편하다는 답변이 압도적이에요.

담당 회계사와 세무사만큼 중요한 사람이 업무 담당자인데 우리 회사의 업무를 처리할 수 있는 사람이 단 한 명이라면 담당자가 자리를 비웠을 때 업무에 차질이 생길 수도 있어요. 따라서 가급적이면 담당자 한 명이 전담하는 것이 아니라 팀으로 운영되는 세무대리인에게 의뢰하길 추천드려요.

> **TIP** 세무대리인을 알아볼 때의 작은 팁
>
> • 인터넷에 먼저 검색해보거나 사무실에 방문해보세요.
> 포털 검색을 통해 회계사나 세무사의 평판을 확인할 수 있는 경우도 있고, 주기적으로 세무 정보나 지원금 정보를 제공하는지도 알 수 있어요. 변호사, 법무사, 감정평가사 등 각 분야의 전문가들과 네트워크를 구축하고 있고, 은행이나 카드사 등 금융기관과도 연계된 곳이라면 더할 나위 없이 좋겠죠?
> 최근에는 세무대리인을 직접 만나는 경우가 드물지만 규모도 확인할 겸 한 번쯤은 사무실에 방문해보는 것도 좋아요. 세금 신고 일정 등 바쁜 시기는 상대적으로 상반기에 몰려있으니 8월부터 11월 사이에 방문하면 업무 담당자나 대표 세무사를 만나서 꼼꼼하게 상담받을 수 있는 기회가 될 거예요.
> 신규 고객 영업에만 몰두하느라 사무실을 자주 비워서 만나기 힘든 세무대리인도 있는데 그보다는 사무실에서 기존 고객에게 집중하는 세무대리인이 아무래도 장기적으로 신경을 더 잘 써줄 가능성이 높겠죠?
> 방문 상담을 희망할 때는 헛걸음을 하지 않도록 미리 예약하면 더 좋아요. 궁금한 점을 미리 정리해 메일 등으로 보내두면 더욱 상세한 답변을 받을 수 있어요.

• 업무 보수가 어떤 기준으로 정해지는지 확인해보세요.

간혹 기장료가 저렴한 줄 알고 계약했는데 숨은 비용이 더 있거나, 연 1회 발생하는 결산세무조정료를 과다하게 청구하는 경우가 있어요.

세무대리는 기본적으로 서비스업이기 때문에 시간 대비 적정 보수를 청구하겠지만 정해진 기준이 없다 보니 세무대리인마다 결산세무조정료가 천차만별이에요. 이때 조정료가 어떤 식으로 정해지는지 미리 알아두면 당황할 일이 없을 거예요.

세무기장대행, 결산세무조정료

기준금액	기장료(월 1회)		결산세무조정료(연 1회)	
	개인사업자	법인사업자	개인	법인
3억 원 미만	100,000 (70,000)	150,000 (120,000)	400,000 (300,000)	600,000 (450,000)
3억 원 ~ 7억 원	120,000	180,000	600,000	900,000
7억 원 ~ 12억 원	150,000	220,000	1,100,000	1,400,000
12억 원 ~ 18억 원	200,000	280,000	1,800,000	2,400,000
18억 원 ~ 25억 원	250,000	350,000	2,400,000	3,300,000
25억 원 ~ 35억 원	300,000	450,000	3,300,000	4,200,000
35억 원 ~ 50억 원	500,000	700,000	4,200,000	4,900,000
50억 원 이상	개별 협의			

▲ 세무대리 보수 예시

▲ 사업자 유형 및 매출 규모 등에 따른 기장료와 결산세무조정료 예

• 세무대리인에게 전자회계파일을 요청할 경우 파일을 받을 수 있는지 꼭 확인하세요.

더존이나 세무사랑 등의 프로그램으로 작성된 전자회계파일은 의뢰인의 회계 장부 및 세금 신고 내역이 담긴 매우 중요한 자료예요. 그런데 세무대리인 중 간혹 전자회계파일을 주지 않거나 데이터 자체를 만들지 않는 경우가 있어요.

업종 이해도가 낮고 소통이 불편하다는 이유로 세무대리인을 바꾸려고 하다가도 전자회계파일을 받지 못하면 새로운 세무대리인에게 자료를 제공할 수 없어 불리한 상황에 처할 수 있어요.

참고로 신고 때만 일회성으로 세무 신고를 의뢰한 경우에는 전자회계파일이 없거나 별도로 구매해야 할 수도 있다는 점을 알아두세요.

세무조사는 얼마나 자주 나오나요

　최근의 세무조사는 인지조사가 대부분이에요. 112 신고를 하면 경찰이 긴급 출동하고, 119 신고를 하면 구급차가 달려오듯이 탈세 제보나 위장 가맹점 신고, 현금영수증 미발행 민원 등이 접수되면 조사관이 배정돼요.

　일단 조사관이 배정되면 사건 파악을 시작해서 충분히 혐의를 확보한 후에 세무조사를 나오기 때문에 빈손으로 돌아가는 일은 없다고 봐도 무방해요. 그러니 애초에 조사받을 일을 만들지 않는 것이 가장 좋겠죠.

▲ 홈택스 탈세 제보 화면

"설마 누가 신고하겠어? 다들 이렇게 하던데 괜찮겠지"라는 생각으로 안일하게 사업하다 보면 언젠가는 조사관을 만나게 돼요. 최근에는 SNS 마켓 셀러가 급증하면서 사업자 등록을 하지 않고 온라인에서 판매하다가 적발되어 판매 수익금 이상으로 큰 손해를 보는 사례도 많이 적발되고 있어요. 채팅으로 현금영수증 발행이 가능한지 문의한 후, 불가능하다는 답변을 받으면 곧장 신고하는 경우도 왕왕 있고요.

세무조사를 이미 받았거나 받을 예정이라면 사업을 잘못 운영하고 있다는 징표예요. 세무조사는 소리소문 없이 오지 않고 과세예고통지나 소명자료·해명자료 제출 요청이라는 강력한 신호를 먼저 보낸다는 점을 알아두세요.

━━━ 📋 요약 정리 ┄┄┄

- 사업에 집중하면서 절세 혜택을 최대한 받고 싶다면 세무대리인과 적극적으로 소통하자.
- 지원금은 아무에게나 주지 않는다. 세금 신고를 제때 하자.
- 세무대리인을 알아볼 때는 업무 범위, 소통 방식, 수수료 산정 방식 등을 종합적으로 따져보자.
- 깔끔하게 사업하면 세무조사를 두려워할 필요가 없다.

부록

01
알아두면 쓸 만한 세무회계 정보들

개인사업자, 법인사업자 정보

• **개인사업자 종합 안내**

  개인사업자가 꼭 알아야 할, 가장 많이 궁금해하는 내
  용을 모았어요. 개업 후 해야 할 일, 직원이 생겼을 때 챙
  겨야 할 내용, 신고해야 할 세금 등을 확인해보세요.

• **공동사업자 자주 묻는 질문**

  공동대표의 건강보험, 국민연금 납입 기준은 뭘까요?
  동업계약서는 어떻게 작성할까요? 자주 묻는 질문에서
  확인해보세요.

- **개인으로 시작할까요, 법인으로 시작할까요?**

  개인과 법인 중 어느 쪽이 유리할까요? 절대적인 답은
  없지만 둘의 차이를 한눈에 볼 수 있게 정리했으니 참고
  해주세요.

- **법인 설립 등기는 어떻게 하나요?**

  법인 설립 등기를 앞두고 있다면 필요 서류부터 주의
  할 점까지 정리한 내용을 꼭 확인해보세요.

- **법인사업자 종합 안내**

  법인사업자가 알아두면 좋은 내용을 모았어요. 아직
  사업을 개시하기 전이라면 더욱 추천드려요.

> **필수 정보**

- **4대보험료는 어떻게 조회하나요?** (4대보험 고지 · 납부 현황 조회 방법)

  사업장에 4대보험 가입자가 있다면 고지 · 납부 현황
  을 조회할 수 있어요.

- **수기세금계산서는 어떻게 작성하나요?** (수기세금계산서 작성 방법)

전자세금계산서를 발급하면 좋겠지만 부득이하게 수 기세금계산서를 작성해야 한다면 해당 QR 코드를 참고 해주세요. 세금계산서 양식은 문구용품점에서 구입할 수 있고, QR 코드의 양식을 이용해도 좋아요.

- **대출 이자, 렌트비, 리스 비용은 어떤 자료를 준비하면 되나요?**

사업과 관련해서 대출을 받았다면 이자비용도 경비로 반영할 수 있어요. 렌트비나 리스 비용 관련 내용도 확 인해보세요.

- **위택스에서 지방세 납부확인서 30초 만에 조회하기**

지방세 납부 내역 조회는 어렵지 않아요. 위택스에서 쉽게 내역을 조회하고 확인해보세요.

- **사업용 신용카드 공제 여부를 직접 바꿀 수 있나요?** (홈택스 신용카드 매 입세액 공제 확인 변경)

홈택스에 등록한 사업용 신용카드는 홈택스에서 사용 내역을 조회할 수도 있고, 부가가치세 공제 여부를 직접 수정할 수도 있어요.

경비 반영 정보

• **다음의 증빙은 꼭 챙겨주세요**

영수증도 다 같은 영수증이 아니죠. 세금을 줄여주는
증빙은 어떤 것이 있는지, 어떻게 하면 조금 더 편하게
증빙을 관리할 수 있는지 알아볼까요?

• **신고하지 않은 인건비도 비용으로 인정되나요?** (4대보험 미가입, 3.3% 사업소득자)

인건비를 제대로 신고하지 않으면 가산세 등 여러 불
이익이 발생하기 때문에 가급적이면 제때 신고하는 게
좋아요. 혹시라도 신고하지 않은 인건비가 있다면 해당
QR 코드를 봐주세요.

• **사업자 등록 전에 발생한 매입세액도 공제가 되나요?** (사업자 등록 기한)

원칙적으로 사업자 등록 전에 지출한 내역은 부가가
치세 절세에 활용하기 어려워요. 그러나 예외도 있으니
꼭 확인해보세요.

- 대표자 식비도 사업 경비로 인정되나요?

"나 혼자 사업하는데 내 밥값도 사업 경비로 반영할 수 있을까?" 대표자 식비나 보험료 등도 세금을 줄여주는지 알아보세요.

세제 혜택 정보

- 벤처기업 인증 절차와 혜택이 궁금해요

일정 요건을 만족하면 벤처기업 인증을 받을 수 있고, 다양한 혜택을 누릴 수 있어요. 벤처기업 인증은 어떻게 받을 수 있는지, 어떤 혜택이 있는지 정리해봤어요.

- 청년창업중소기업 세액감면 제도란?

일정 조건을 만족하는 중소기업을 창업한다면 소득세나 법인세를 감면해줘요. 업종 제한이 있고, 창업 지역이나 대표자 나이에 따라 감면율이 달라질 수 있으니 자세한 내용을 꼭 확인해보세요.

- **기업부설연구소, 기업부설창작연구소, 연구개발전담부서 지원 제도란?**

　기업의 연구개발 활동을 촉진하기 위해 세액 공제 또
는 자금 지원 등 다양한 혜택이 마련되어 있어요. 자세
한 혜택 및 신청 방법을 확인해보세요.

- **고용증대세액공제란?**

　근로자 수가 전년도에 비해 증가하면 2~3년간 세액공
제 혜택을 받을 수 있어요. 업종 제한이 있고 근로자 조
건에 따라 공제 금액이 달라지니 자세한 내용을 꼭 확인
해주세요.

그 밖에 알아두면 좋은 정보

- **인건비 부담 줄여줄 든든한 고용 지원금 총집합**

　일손은 부족한데 직원에게 줄 월급이 부담스럽다면
고용 지원금을 활용해보세요.

- **노무 관련 문의는 고용노동부 인터넷 상담**

약은 약사에게, 노무 상담은 노무 전문가에게! 노무대리인 상담이 어렵다면 고용노동부에서도 인터넷 상담 또는 유선 상담을 받을 수 있어요.

- **사업자 명의를 빌려주면 어떻게 되나요?**

다른 사람에게 명의를 빌려주었을 때의 불이익은 생각보다 그 범위가 넓어요. 금전적인 불이익 외에도 많은 제약이 생기니 미리 확인해두면 좋아요.

- **세무대리인에게 어떤 자료를 줘야 하나요?**

첫 사업, 첫 세금 신고, 첫 세무대리인과의 계약. 어떤 자료를 보내야 하는지 막막하다면 이 글을 참고해주세요.

- **과거 장부도 작성해줄 수 있나요?** (소급 기장)

누구나 처음부터 완벽하게 사업에 대한 기록을 남기지는 않아요. 뒤늦게라도 과거의 장부를 정리하고 싶다면 소급 기장을 고려해보세요.

민원 증명 발급 방법

- **국세납세증명서는 어떻게 발급하나요?** (국세완납증명 발급 방법)

  부가가치세, 종합소득세, 법인세 등 국세를 체납하지 않고 잘 납부했음을 증명하는 서류는 홈택스에서 발급할 수 있어요.

- **면세사업자 수입금액증명원은 어떻게 발급하나요?** (수입금액증명원 발급 방법)

  면세사업자는 어떻게 수입을 확인할 수 있을까요? 홈택스에서 수입금액증명원을 발급해보세요.

- **법인 등기부등본은 어떻게 발급하나요?** (법인 등기부등본 발급 방법)

  법인 등기부등본은 인터넷으로 열람 및 발급할 수 있어요. 상호명 등의 기본 정보를 안다면 다른 법인의 등기부등본도 열람할 수 있어요.

- **부가세과세표준증명 발급하는 네 가지 방법**

  각종 지원금 신청 시 필수로 제출하는 서류! 부가세과세표준증명을 발급하는 네 가지 방법을 확인해보세요.

- **소득금액증명원 간편한 발급 방법 네 가지**

　소득금액증명원은 온라인으로 회원 가입 없이 발급할 수 있어요. 단, 종합소득세 신고를 한 후에 발급할 수 있다는 점 참고해주세요.

- **지방세세목별과세증명은 어떻게 발급하나요?** (지방세세목별과세증명 발급 방법)

　법인세 신고 등에 필요한 지방세세목별과세증명은 온오프라인에서 발급 가능해요.

- **사업자등록증명원은 어떻게 발급하나요?** (사업자등록증명원 발급하기)

　공공기관에 사업자등록증명원을 제출해야 하는 경우가 있죠. 이때는 회원 가입을 하지 않고도 발급할 수 있어요.

- **지방세완납증명서는 어떻게 발급하나요?** (지방세납세증명서 발급)

　지방세 체납 사실이 없음을 증명하는 지방세완납증명서는 정부24 홈페이지에서 쉽게 발급할 수 있어요.

- **주업종코드확인서는 어떻게 발급하나요?** (주업종코드확인서 발급 방법)

주업종코드확인서는 주로 중소기업청년 전세자금대 출을 신청할 때 제출하는 서류예요. 홈택스에서 열람 및 인쇄할 수 있어요.

- **중소기업확인서는 어떻게 발급하나요?** (중소기업확인서 발급 방법)

중소기업확인서를 발급할 때는 과거에 신고한 인건 비, 대표자 종합소득세, 부가가치세, 법인세 등의 전자 신고 파일이 필요해요. 헷갈릴 수 있으니 미리 확인하 면 좋아요.

- **표준재무제표증명은 어떻게 발급하나요?** (표준재무제표증명 발급 방법)

표준재무제표증명은 홈택스 또는 정부24에서 편하 게 발급할 수 있어요. 단, 법인세 또는 종합소득세가 신 고된 기간에 대해서만 발급된다는 점 참고해주세요.

책을 읽고 해소되지 않은 궁금증이 있거나 더 자세히 알고 싶은 내용이 있다면 세무가이드를 찾아주세요. 세무가이드 에서도 해당 내용을 찾을 수 없다면 QR 코드를 이용해 문의해주셔도 좋아요.

02
새로운 시작

어때요. 지금까지 알아본 내용이 너무 쉬웠나요? 지금보다 조금 더 깊은 내용을 원한다면 다음의 내용들도 살펴보면 많은 도움이 될 거예요.

- **경비율에 대해 더 자세히 알고 싶어요.** (단순경비율, 기준경비율)

▲ 경비율

- **복식부기는 뭐예요? 저도 장부를 작성해야 하나요?** (기장의무 판단)

▲ 복식부기

- **성실신고확인대상자가 뭐예요?**

▲ 성실신고확인대상자

- 벤처기업 인증 절차와 혜택이 궁금해요

▲ 벤처인증

- 기업부설연구소 관련 지원 제도를 알고 싶어요

▲ 기업부설연
구소

- 추가로 궁금한 사항은 세무가이드 채널톡으로 문의해주세요!

▲ 세무가이드
채널톡

중앙경제평론사 Joongang Economy Publishing Co.
중앙생활사 | 중앙에듀북스 Joongang Life Publishing Co./Joongang Edubooks Publishing Co.

중앙경제평론사는 오늘보다 나은 내일을 창조한다는 신념 아래 설립된 경제 · 경영서 전문 출판사로서
성공을 꿈꾸는 직장인, 경영인에게 전문지식과 자기계발의 지혜를 주는 책을 발간하고 있습니다.

창업자라면 꼭 알아야 할 세무 가이드

초판 1쇄 인쇄 | 2023년 5월 15일
초판 1쇄 발행 | 2023년 5월 20일

지은이 | 정영록(YoungRok Jung)
펴낸이 | 최점옥(JeomOg Choi)
펴낸곳 | 중앙경제평론사(Joongang Economy Publishing Co.)

대   표 | 김용주
기   획 | 백재운
책임편집 | 정은아
본문디자인 | 박근영

출력 | 영신사   종이 | 한솔PNS   인쇄 · 제본 | 영신사

잘못된 책은 구입한 서점에서 교환해드립니다.
가격은 표지 뒷면에 있습니다.

ISBN 978-89-6054-315-7(03320)

등록 | 1991년 4월 10일 제2-1153호
주소 | ㉾ 04590 서울시 중구 다산로20길 5(신당4동 340-128) 중앙빌딩
전화 | (02)2253-4463(代) 팩스 | (02)2253-7988
홈페이지 | www.japub.co.kr 블로그 | http://blog.naver.com/japub
네이버 스마트스토어 | https://smartstore.naver.com/jaub 이메일 | japub@naver.com
♣ 중앙경제평론사는 중앙생활사 · 중앙에듀북스와 자매회사입니다.

도서
주문   **www.japub.co.kr**
전화주문 : 02) 2253 - 4463

https://smartstore.naver.com/jaub
네이버 스마트스토어

중앙경제평론사/중앙생활사/중앙에듀북스에서는 여러분의 소중한 원고를 기다리고 있습니다. 원고 투고는 이메일을
이용해주세요. 최선을 다해 독자들에게 사랑받는 양서로 만들어드리겠습니다. **이메일** | japub@naver.com